KB104171

建築

사진 = 파비안 옹

If You Like…

ZERO to ONE
NOTES ON STARTUPS, OR HOW TO BUILD THE FUTURE
Peter Thiel

If You Like ←
You'll Love →

INSIGHTS FROM INSIDE GOOGLE
WORK RULES!
THAT WILL TRANSFORM HOW YOU LIVE AND LEAD
LASZLO BOCK

THE HARD THING ABOUT HARD THINGS
Building a Business When There Are No Easy Answers
BEN HOROWITZ

OUTSIDERS

CARRIE GREEN

96% of reviewers rated this item 5 stars

Oh, the Places You'll Go!
By Dr. Seuss

If You Like ←
You'll Love →

JOHN WATERS MAKE TROUBLE

LAUREN GRAHAM
IN CONCLUSION, DON'T WORRY ABOUT IT

ADMIRAL WILLIAM H. McRAVEN
MAKE YOUR BED
LITTLE THINGS THAT CAN CHANGE YOUR LIFE ...AND MAYBE THE WORLD

AM I THeRe YeT?
The Loot-de-lort ZIGZAGGING JouRney To AduLthooD
BY MaRi ANdRew

93% of reviewers rated this item 5 stars

100% of reviewers rated this item 5 stars

LET'S PRETEND THIS NEVER HAPPENED
(A Mostly True Memoir)
JENNY LAWSON

If You Like ←
You'll Love →

HERDING CATS
A Sarah's Scribbles collection
SARAH ANDERSEN

WORKING WITH
People I Want to Punch in the Throat
Cantankerous Clients, Micromanaging Minions, and Other Supurlative Sabotage
JEN MANN

BIG MUSHY HAPPY LUMP
A Sarah's Scribbles collection
SARAH ANDERSEN

meaty
samantha irby

YOU are a BADASS

If You Like ←

Originals

THE WISDOM OF INSECURITY

UNFU*K YOURSELF

YEAR OF YES

미래의
서점

『제일재경주간』 미래예상도 취재팀 지음

조은 옮김

미래를 예측하는 가장
좋은 방법은 그 미래를
만드는 것이다

서점에서 가장 중요한 것

편집장 자오후이

우리 주변에 있는 서점이 달라지고 있다.

서점에 카페 공간이 잇따라 들어선다. '새로운 서점'의 기준이라도 되는 것처럼 말이다. 그러자 의문이 하나 떠오른다. 카페에 앉아 커피를 마시며 계산하지 않은 책을 봐도 되는 걸까? 서점은 저자 사인회부터 크고 작은 갖가지 행사에 이르기까지 이벤트를 더 많이 열고 있다. 독자를 한 사람이라도 더 끌어들이고 싶기 때문이다.

심지어 의류나 잡화 매장에서도 책에 공간을 떼어준다. 책으로 얼마나 매출을 올릴 수 있는지는 신경 쓰지 않는다. 매장에 자리 잡은 책은 그 상점의 목표 고객층을 뚜렷이 드러내 주는 역할을 한다.

서점이 살아나는 것처럼 보인다고? 그러나 문을 닫는 서점 소식이 너무 많이 들려온다. 서점은 스스로 독서를 좋아한다고 생각하는 사람, 서점에서 그에 휴대전화를 꺼내 인터넷으로 책값을 비교해 보는 독자의 선택에 당하고 말았다. 누가 독자를 탓하겠는가? 더 경제적인 선택이 있는 이상, 아무리 서점이라 해도 감성에 호소하거나 애쓰는 모습을 내세우며 독자의 동정을 인질로 잡을 권력은 없다.

결국은 본질적인 문제로 돌아간다. 서점은 책을 파는 것처럼 보이긴 하는데, 도대체 어떤 부가가치를 제공하는가? 바꿔 말하면, 서점의 노하우와 경쟁력은 무엇인가?

사실 이 문제를 들여다보면 많은 현상을 이해할 수 있다. 어떤 서점이 외관을 새로 단장하면, 아마 한바탕 붐이 일어 많은 손님을 끌어들일 수 있을 것이다. 하지만 손님을 끊임없이 찾아오게 하려면 서점 자신만의 독특한 가치가 필요하다. 이 가치란 눈에 보이는 외관이나 분위기만이 아니다. 시각 효과보다 중요한 것은 책과 관련된 방침이다. 그에 따라 독자는 마음속으로 원하는 책값이 있어도 실제로는 얼마까지 기꺼이 지불하고 책을 살 것인지 결정할 수도 있다.

일본 쓰타야쇼텐蔦屋書店에는 많은 사람이 찾아온다. 쾌적한 환경을 즐기는 독자뿐 아니라 서점업계 종사자도 적지 않다. 그들은 쓰타야를 둘러보고 열심히 메모하고 돌아가서는 즉시 쓰타야의 모습을 복제하고 쓰타야처럼 되어 보려고 안달한다. 그러나 곰곰이 생각해 보아야 할 문제가 더 있다. 쓰타야쇼텐이 각 지점에서 모두 똑같은 책을 팔고 있는가? 쓰타야쇼텐이 서점 안 카페에서 책을 읽으며 커피를 마실 수 있게 한 이유는 뭘까? 쓰타야쇼텐은 얼마 만에 주요 매대의 테마를 바꾸고 배치에 변화를 주는가? 이벤트는 어떤 주제이며 얼마나 자주 여는가? 어떤 전략으로 독자를 계속 서점으로 끌어들이고 있는가? 사람들은 쓰타야쇼텐에서 무엇을 소비하고 무엇을 경험하는가?

이런 문제부터 곰곰이 생각해 보면, 시각적 복제만으로는 결코 모든 문제를 해결할 수 없다는 사실이 분명해진다.

도쿄에는 나에게 깊은 인상을 남긴 서점이 하나 더 있다. 바로 아오야마북센터Aoyama Book Center다. 이 서점에 대해 친구에게 이렇게 이야기한 적이 있다. "거기는 갈 때마다 겨우 서가 두 개밖에 못 보고 나온다니까!" 아오야마북센터의 인테리어에는 눈에 띄는 점이 전혀 없으며 심지어 오래된 도서관의 케케묵은 느낌이 가득하다. 그러나 안으로 들어가 두 발짝만 떼도 이 서점이 책을 고르고 진열하는 능력이 얼마나 뛰어난지 단번에 느낄 수 있다. 내가 흥미를 느끼는 책 옆으로 같은 유형의 책이 한 권 한 권 줄줄이 이어진다. 그만 보려 해도 멈출

수가 없다.

　이런 상황이 아마존 오프라인 서점에서도 일어난다. 그런데 그곳에서 독자에게 이런 설레는 체험을 안겨주는 이는 경험 있는 서점 직원이 아니라 알고리즘이다. 이 책을 다 읽고 나면 여러분은 서점에서 가장 중요한 것이 무엇인지 아마 충분히 이해하게 될 것이다. 고독을 즐기는 시간 또는 사람과 교류하는 시간, 취향을 저격당했을 때의 한 줄기 흥분감, 호기심을 따라 자연스럽게 끌려드는 깊숙한 어느 공간……. 결국 우리는 그것을 좋아하게 되고, 그 이름을 기억하고 다시 찾게 되리라.

우리는 이런 서점 모습에 너무 익숙해 있었다.
당연한 듯 자리를 지킬 뿐, 아무런 새로움도 없는 곳.
시류에 편승하려 할 때마다
서점은 자신을 지지하던 독자를 잃었다.

Q1
구세대 서점은
어떤 모습인가?

원래 '구세대 서점'의 목록이 아주 길었다.

그런데 우리가 무너졌다고 생각한 서점들이

알고 보니 세계 곳곳에서

모두 흡사한 모습을 보이는 것 아닌가.

그래서 우리는 이렇게 말하기로 했다.

반스앤드노블은 낡았다

: 그렇다면 어디서 문제가 생긴 걸까?

글=리룽후이 + 사진=캐시 웨

내키는 대로 반스앤드노블Barnes&Noble 지점 아무 곳이나 들어가 보자. 샌프란시스코에서나 시카고 도심에서나 거의 똑같은 모습을 보게 될 것이다. 서점에서 가장 인기 있는 장소는 서가도 아니고 계산대도 아니다. 사실 그곳에는 직원 말고 아무도 없다. 손님은 모두 어린이 교육서적 코너와 스타벅스 근처에 있다.

지금의 반스앤드노블을 보면 어린이 코너가 대다수 점포의 기본 구성 요소라 할 수 있으며, 심지어 점포 면적의 4분의 1가량을 차지하기도 한다. 이곳에는 책, 캐릭터 장난감, 게임 장비까지 다 있다. 부모들은 아이들이 이 조용한 공간에서 책을 뒤적이거나 체험활동 구역에 앉아 노는 모습에 만족하는 듯 보인다.

반스앤드노블 서점에는 거의 스타벅스가 들어와 있다. 반스앤드노블 회원 카드를 갖고 있다면 커피 값이 조금 할인된다. 손님들은 잡지나 책을 한두 권씩 들고 와 커피나 차를 마시며 읽는다. 교과서와 숙제를 탁자에 펼쳐 놓은 학생도 눈에 띈다. 스타벅스에 자리가 없어도 잡지 코너 옆으로 가면 벤치가 하나 있고, 바닥에 앉아도 문제가 없다. 우연히 서점에 들어와 둘러보거나 비를 피하려는 관광객도 스타벅스에서 커피 한 잔을 주문하고 자리에 앉는다. 가게 안이 너무 조용해서 그런지 다음 행선지를 의논하는 목소리가 점점 낮아졌다.

서점을 심사하는 기준을 따른다면, 겉으로 보기에 반스앤드노블의 모든 '체제'에는 별다른 문제가 없다.

서점의 입지에도 큰 문제가 없다. 우리가 방문한 시카고 지점이나 샌프란시스코 지점이나 모두 괜찮은 자리를 차지하고 있었다. 시카고 중심가뿐 아니라, 2014년 이전에는 뉴욕 5번가에도 반스앤드노블 플래그십 스토어가 있었다. 소규모 타운들로 이루어진 샌프란시스코 실리콘밸리에는 타운에 있는 쇼핑몰마다 반스앤드노블이 하나씩 있었다. 게다가 모두 주요 간선도로 옆에도 있어서 이곳을 지나갈 때면 반스앤드노블의 트레이드마크인 초록색 간판(일부는 빨간색)이 반드시 눈에 띄었다.

반스앤드노블의 재고나 진열 상태도 다른 체인서점이나 독립서점에 뒤지지 않는다. 책은 소설, 경제경영, 스포츠, 역사 등으로 분류되어 서가에 꽂히고 베스트셀러나 직원 추천 도서는 특별한 자리에 진열된다. 스타워즈, 해리 포터 등 인기 있는 문화 아이콘은 책과 영화 DVD, 관련 상품이 함께 진열된다(아마존 오프라인 서점도 이런 식이다). 또 반스앤드노블에는 음악과 영화 코너가 따로 있다. 어린이책 코너를 따로 만든 것처럼 말이다. 음반 가게가 이미 '희귀'한 '문화예술' 점포가 되고 만 시기에 반스앤드노블은 음악 및 영화 애호가가 즐겨 찾는 장소다.

대부분의 서점이 비도서 상품 판매로 수입을 올리

반스앤드노블의 전반적인 배치는 우리가 아는 전통 서점과 다르지 않다.

고 있는 오늘날, 반스앤드노블은 다른 체인서점이나 독립서점보다 더 다양하고 풍부한 상품을 갖추고 있다. 자체 전자책 단말기, 문구, (해리 포터 같은) 베스트셀러 관련 상품, 장난감 인형, 심지어 어린이 크리스마스 복장까지 있다.

물론 반스앤드노블이 이토록 유명한 것은 '미국 최대의 체인서점'이라는 명성에 스타벅스와 맺은 독점 제휴가 더해진 덕분이다. 그래서 반스앤드노블의 거의 모든 지점에는 스타벅스가 있다. 서점도 충분히 넓어서 이벤트가 자주 열리고, 지역 문화 교류의 중심지 역할도 한다.

유일한 문제는 이곳에서 책을 사는 소비자가 자꾸만 줄어든다는 사실이다. 잡지 코너 옆 벤치에 앉아 잡지를 보고 스타벅스에 앉아 책을 읽는 손님은 커피 한 잔 값으로 오후 시간을 보낼 수 있다. 그런데 이 잡지와 책을 반드시 사 가지고 돌아가지는 않는다. 아마존에서

더 싸게 살 수 있으니까.

『포춘』에 따르면, 2017년 4월 현재 반스앤드노블은 632개 매장에 직원 2만 6000명이 근무하고 있다. 2017년 크리스마스 시즌에 오프라인 매출은 6.4퍼센트, 온라인 매출은 4.5퍼센트 하락했다. 영국 『가디언』의 통계에 따르면 반스앤드노블의 오프라인 매출은 11년 연속 내리막을 걸으며 지난 5년간 시가총액이 10억 달러나 감소했다. 2018년 5월, 『뉴욕타임스』 칼럼니스트 데이비드 레온하트는 "반스앤드노블에 들어서면 서점이 처한 곤경이 느껴진다"라고 서술했다.

도대체 어디서 문제가 생긴 걸까?

반스앤드노블의 빛나는 역사의 시작점은 1886년으로 거슬러 올라간다. 클리퍼드 노블은 하버드대학을 졸업하고 아서힌즈앤드컴퍼니Arthur Hinds & Company 서점에서 일하기 시작했다. 8년 뒤 노블이 힌즈의 동업자가 되자 서점 이름은 힌즈앤드노블Hinds & Noble로 바뀌었고, 1917년 친구의 아들 윌리엄 반스를 새로운 파트너로 맞이하며 지금의 이름인 '반스앤드노블'이 되었다. 1932년 그들은 뉴욕 5번가 105번지에 첫 번째 플래그십 스토어를 열고 근처에 본사 사무실도 마련했다. 출판업은 이미 겸하고 있었고, 브루클린과 시카고 등에도 지점을 열었다.

이후 창립자 두 사람이 잇따라 세상을 뜨는 바람에 반스앤드노블의 사업은 2년 동안 불안정한 상황이었다. 그러다 반스앤드노블을 진정한 '슈퍼 서점'으로 만든 사람 레너드 리지오가 나타났다. 이 뉴욕 사업가는 1965년 교과서를 다루는 작은 서점으로 도서 판매 사업을 시작했다. 1971년 리지오는 120만 달러에 반스앤드노블을 인수했고, 원래 이름을 그대로 유지했다.

리지오가 경영하는 반스앤드노블은 텔레비전 광고를 하는 미국 최초의 서점 그리고 할인 도서를 판매하는 최초의 서점이 되었다. 새로운 고객 확보를 위해 반스앤드노블은 여러 가지 새로운 시도를 했다. 할인 서적을 전문으로 판매하는 소형 매장(나중에 대형 매장과 통합)을 열고, 거리가 멀어 직접 매장을 찾지 못하는 고객에게 양장본을 우편으로 판매했다.

보다 중요한 일은 리지오가 실행한 일련의 대규모 인수합병이다. 가장 중요한 계약은 1987년 백화점 판매를 주로 하던 체인서점 B.달턴B.Dalton을 인수한 것이었다. 미국 전역에 797개 체인점을 가진 B.달턴을 인수함으로써 반스앤드노블은 즉각 체인서점 대열에 합류했다.

일련의 인수합병을 거치며 리지오는 반스앤드노블을 '슈퍼 서점'으로 끌어올리겠다는 구상을 하고, 서점의 토대에 여가 활동 공간을 마련해 문화예술 이벤트를 열었다. 이러한 비즈니스 혁신에 발맞추어 리지오는 신간 도서를 할인 판매하고 반스앤드노블 자체 출간 도서는 더 크게 할인하는 판촉 전략으로 다른 독립서점과 체인서점을 사정없이 강타했다. 1993년 반스앤드노블은 상장기업이 되었고, 그해에 서점에서 스타벅스 커피를 판매하기 시작했다.

반스앤드노블이 성장한 데에는 사회 배경이 있다. 제2차 세계대전 이후 미국은 20년 연속 경제 성장을 하는 호황을 누렸다. 1971년 리지오가 반스앤드노블을 인수한 무렵에는 자동차 보급이 확산되어 중산층이 교외로 주거지를 옮겼으며, 슈퍼마켓 체인 월마트, 커피 브랜드 스타벅스(스타벅스도 1971년에 창립되었다), 유통업체 시어스가 부상하고 있었다. 반스앤드노블이 체인서점으로 탈바꿈한 것 또한 시류에 따른 조치로 볼 수 있다.

반스앤드노블은 서점의 모습을 표준화하며 손쉽게 체인점을 확장해 나갔다. 그러나 아마존과 같은 경쟁 상대가 나타났을 때 반스앤드노블의 비즈니스 모델에서 가장 취약한 부분 또한 이 표준화였다.

1994년 제프 베이조스가 아마존을 창업하고 종이책을 더 싸게 팔기 시작하자 오프라인 서점의 매출이 부진

해졌다. 앞서 반스앤드노블에서 실시한 할인 판매로 독립서점에 타격을 입혔던 상황과 같은 맥락이다. 여러 해 동안 도매상, 체인서점, 독립서점 모두 아마존의 공세에 타격을 입었지만, 사실상 아마존에서 정면으로 덤빈 상대는 반스앤드노블이었다. 반스앤드노블의 핵심은 표준화로, 베스트셀러가 판매량을 올리는 주요 동력이었다. 이는 대다수 체인서점에서 상위 20퍼센트 도서가 전체 매출의 80퍼센트를 차지한다는 파레토 법칙에 따른 결과이기도 하다. 사람들이 아마존에서 주로 사는 책도 베스트셀러였다. 독립서점은 독특한 브랜드 스토리와 추천 도서로 체인서점과 차별화를 꾀하려 애쓰고 있었다.

따라서 반스앤드노블은 전자책과 전자책 단말기 시장에서 반드시 아마존과 승부를 보아야 했다. 아마존이 2007년에 전자책 단말기 킨들을 출시하자, 반스앤드노블은 2년 뒤인 2009년에 자체 전자책 단말기 눅Nook을 출시했다. 『가디언』의 2018년 5월 보도에 따르면 반스앤드노블의 눅은 이미 13억 달러의 손실을 기록했다.

시기적으로 볼 때, 눅은 이미 2년 늦은 추격자의 처지였다. 아마존은 전자책 판매-킨들 판매-전자책 판매를 서로 이끌어 내는 법칙을 창조했지만, 반스앤드노블은 그저 킨들에 대적하려 했고 전자책 시대에 순응하려 했을 뿐이다. 그러나 출판과 오프라인 서점으로 일어선 기업이 기술에 기반한 기업과 겨루어 이기기란 대단히 어려우며, 특히 전자기기 제조 분야에서는 당해 낼 재간이 없다.

게다가 눅은 반스앤드노블 오프라인 서점과 서로 보완하지도 못했다. 아마존을 따라잡기 위해 반스앤드노블은 전자책 단말기와 오프라인 서점이라는 두 가지 경주로에 에너지를 분산했다. 하드웨어 시장에는 선두에 선 킨들뿐 아니라 삼성과 아수스 등이 만든 소형 태블릿도 등장해 눅의 입지가 좁았고, 반스앤드노블의 오프라인 매장 또한 독자의 새로운 요구에 맞춰 변신해 나가지 못했다. 2012년 크리스마스 쇼핑 시즌에 반스앤드노블의 온오프라인 서점 영업이익은 전년 대비 10.9퍼센트 감소했고, 눅 판매량도 26퍼센트 감소했다. 2013년에는 반스앤드노블 CEO이며 그동안 전자책 사업 분

전자책의 도전에 직면한 반스앤드노블은 자체
전자책 단말기 눅을 선보였다.

야를 맡아 온 윌리엄 린치가 사임했다. 이는 반스앤드노블에서 눅이 더 이상 중요한 위치가 아니라는 뜻이다.

2016년 반스앤드노블은 눅의 앱스토어와 동영상 사업 중지를 선언했다. 눅의 하드웨어는 남아 있지만 소프트웨어는 이제 전자책과 전자잡지에만 집중하고 있다. IT 미디어 『더 버지』The Verge는 이에 대해 "이 글을 읽기 전에는 아무도 눅 앱스토어의 존재를 몰랐을 것이다"라고 논평했다.

이뿐 아니다. 오프라인 서점의 수입도 계속해서 떨어지고 있다. 2018회계연도 3분기 보고서에 따르면, 2018년 1월 27일까지 반스앤드노블의 총매출액은 12억 3000만 달러로 전년 동기 대비 5.3퍼센트 감소했으며,

기존 매장 매출액은 5.8퍼센트 감소했다.

"사람들이 서점에 들어와서 돌아다닌다 해도 아무 것도 사지 않습니다. 수요도 없고 시간도 없어요. 사람들의 쇼핑 습관이 바뀐 것, 이것이 반스앤드노블의 진정한 위기입니다." 시장조사 및 컨설팅 업체인 글로벌 데이터 리테일의 애널리스트 닐 샌더스는 이렇게 지적했다. 다른 서점과 비교하면, 반스앤드노블 고객은 대부분 쇼핑몰에서 쇼핑을 하고 나서 그길로 서점에 들르곤 하는데 그렇게 오는 고객의 흐름 또한 아마존의 충격으로 줄었다는 것이다.

사실 이런 이야기는 늘 비슷한 패턴을 보인다. 강력한 경쟁자가 나타났다 해도 근본 문제는 결국 기업 자체에서 비롯된 것이다. 전형적인 위기는 종종 이들 기업이 소비자와 보조를 맞추지 못한 데에서 기인한다.

미국은 1960년대부터 중산층이 외곽으로 떠나는 현상이 시작되었다. 그런데 1990년대에는 도시로 돌아오는 새로운 양상이 나타났다. 젊은 세대는 교외가 아닌 도시에서 생활하고 일하기를 원했으며 이는 도시 젠트리피케이션을 불러왔다. 전 뉴욕시장 마이클 블룸버그는 2013년 스탠퍼드대학 졸업식에서 뉴욕의 도시 생활이 실리콘밸리 젊은이들을 끌어들인 현상을 두고 이렇게 농담을 했다. "금요일 밤 뉴욕에는 선밸리의 피자헛에서 피자를 먹는 것보다 할 일이 훨씬 많지요."

반스앤드노블은 이번에는 변화를 따라가지 못했다. 그리고 그 변화를 이끌어 가는 신세대 젊은이에게도 아무런 영향을 미치지 못했다. 이들은 부모 세대인 전후 베이비붐 세대와 달리 도시에서 살고 싶어 하며, 아마존에서도 책을 사고 독립서점도 지지한다. 그들의 마음에 자리 잡은 키워드는 '간편함'과 '독특함'이다. 체인점 수가 반스앤드노블보다 월등히 많은 스타벅스조차 새로운 소비자를 끌어들이려 부단히 애쓰고 있다. 산업데이터 제공업체 스타티스타의 통계에 따르면, 2018년까지 스타벅스는 미국에 총 1만 3000곳이 넘는 체인점을 열었다. 차세대 카페 블루보틀이 스타벅스에 도전장을 던진 것도 두 업체 간의 경쟁을 넘어 소비층과 소비 특징의 변화에 따른 현상이며, 하워드 슐츠 스타벅스 이사회 의장이 최고경영자 자리에서 내려와 스타벅스 프리미엄 커피를 개발하게 된 주된 이유이기도 하다.

반스앤드노블도 소비자의 변화를 자연스럽게 깨달았다. 그리하여 2018년 초 1,800명 감원 계획에 이어, 고객 만족도를 높이고 수익을 높이기 위해 그다지 매력적으로 보이지 않는 '장기 전략 계획'을 발표했다. 오프라인 매장에서 음악과 영화 품목을 빼고 문구와 선물 코너를 새로이 단장해 2019회계연도에 '시범 점포' 5곳을 선보이겠다는 내용이었다. 미래의 반스앤드노블은 지금처

럼 규모가 크지 않을 것이고, 여전히 도서 판매를 중심
으로 하겠지만 커피를 비롯한 여러 비도서 상품도 판매
할 것이다.

　　와튼스쿨 마케팅학 교수 피터 페이더는 와튼스쿨
웹사이트에 반스앤드노블의 비즈니스 모델을 공개적으
로 분석하고 다음과 같이 말했다. 반스앤드노블은 자신
의 라이벌이 아마존이나 다른 서점이라고 여겨 왔지만,
이 시대에는 스타벅스야말로 반스앤드노블의 라이벌
이다. 반스앤드노블은 사람들이 들어가서 자유로이 둘
러보고, 좋은 시간을 보내고, 책을 보고, 무언가를 배울
수 있는 장소가 되어야 한다. 바로 이런 곳에서 돈이 벌
린다.

Q1　　구세대 서점은 어떤 모습인가?

서점에 나타난 가장 흔한 변화는 책보다 이윤이 높은 커피를 끌어들인 것이다. 하지만 '서점 + 카페'라는 모델의 단순 복제가 진정 효과가 있을까? 이런 시도를 할 때 분명히 알아야 할 것은 다름 아닌 시장의 수요다. 서점에서 판매할 상품은 책인가, 아니면 오후 시간인가?

Q2

무엇이 변하는가?

자꾸만 '복합 생활공간'처럼
변해 가는 오프라인 서점
: 여전히 '서점'이라 할 수 있을까?

글 = 우양양·장잉·예위천

베이징의 대형 쇼핑몰 솔라나에 있는 시시푸수뎬西西弗書店이나 쯔리항젠字里行間 같은 서점에 가면 전통 서점과 전혀 다른 경험을 하게 된다. 이들 서점은 우리 머릿속에 자리한 전통적인 '서점'과 확연히 다르다.

새로운 서점에서는 책뿐 아니라 잡화, 커피, 심지어 간단한 식사도 판다. 전체 면적에서 책이 진열된 공간이 60-70퍼센트를 차지하지만, 카페는 '새로운 서점'의 표식처럼 되었다. 서점 주인은 '서점' 면적이 아무리 좁더라도 한쪽을 비워서 커피머신을 설치하고 탁자와 의자 몇 개를 놓고는 마치 스타벅스처럼 영업을 시작한다.

이런 묘사는 결코 과장이 아니다. 팡쒀方所나 중신수뎬中信書店도 한번 둘러보자. 주객이 전도된 느낌이 더 강해질 것이다. 팡쒀의 청두 타이구리점店 면적은 4,000제곱미터인데 그중 30-40퍼센트만이 도서 공간이다. 중신수뎬 매장에서는 드론은 물론 인터넷 오디오 콘텐츠나 유전자 검사 서비스 같은 비非실물 상품까지 판매한다.

이들 '서점답지 않은 서점'의 개점 속도는 어찌나 빠른지 전통 서점이 도저히 따라잡을 수가 없다. 베이징의 싼롄타오펀수뎬三聯韜奮書店은 20여 년 동안 총 3개 매장을 열어 운영하고 있지만, 시시푸는 지난 2년간 신규 지점 20곳을 열어 전국에 67개 매장이 있으며, 중신수뎬은 지점을 무려 1,000곳까지 늘리겠다고 공언했다.

도시의 쇼핑몰, 오피스빌딩, 공항, 심지어 교외의 아웃렛에 이르기까지, 중국 곳곳에 이런 새로운 서점이 속속 들어서고 있다. 이들은 대개 인테리어가 독특하다. 바닷가에 지어진 서점도 있고, 열람 공간의 층고가 10여 미터나 되는 서점도 있으며, 작은 서재를 제공하는 서점도 있다. 중요한 공통점은 다들 책 말고 다른 물건도 잔뜩 판다는 사실이다.

서점이 이렇게 번영을 누리는 광경이라니, 참으로 믿기 어렵다. 겨우 2–3년 전만 해도 온라인 서점과의 경쟁과 치솟는 임대료 때문에 서점이 문을 닫았다는 소식이 도처에서 들려왔다. 당시 베이징 최대 서점이던 디

'전통 서점과 다른' 서점이 갈수록 늘고 있다.

싼지수쥐第三極書局와 선전 제2의 서점 선전거우수중신 深圳購書中心이 잇따라 문을 닫았다. 이어 상하이 지펑수위안季風書園의 창립자 옌보페이도 서점을 매각하고 말았다. 지펑수위안은 상하이의 문화 랜드마크로 상하이에 8개 지점이 있었다.

눈앞에 보이는 번영 속에는 특수한 추진 동력이 있다. 바로 상업부동산 개발업체다. 오프라인 서점이 온라인 서점에 치이던 4−5년 사이에 대형 쇼핑몰이라는 형태의 오프라인 상업 공간이 확장되기 시작했다. 베이징, 상하이, 광저우, 선전 같은 거대 도시에는 새로운 쇼핑몰이 해마다 수십 곳씩 생겨났다. 이들 쇼핑몰이 고객을 끌어모으기 위해 가장 선호하는 업종은 외식업이며, 외식 사업체를 모두 유치한 다음에는 서점이 '귀빈' 명단에 오르곤 한다. 서점이 입점을 원하기만 한다면 쇼핑몰 측에서는 임대료를 깎아 주고 인테리어 보조금까지 지급하며, 심지어 '어떤 조건이든 말만 하라'고 제안한다. 유명 체인서점이 외면하는 설익은 상권의 신규 매장이나 오피스빌딩, 백화점 등에서는 급기야 가맹점이 되겠다고 나서서, 서점의 동의만 얻으면 곧바로 그 서점의 간판을 내걸었다.

"다양한 업종이 조화를 이루면 긍정적인 화학 반응

칭다오의 대형 쇼핑몰
완샹청에 자리한
팡숴(→)와 난징 제일의
번화가 신제커우에 있는
다중수쥐(大衆書局)(↓).

을 일으킬 수 있죠." 홍콩 타이구부동산의 익명의 인사는 이렇게 말했다. 타이구부동산 산하의 종합쇼핑몰 타이구후이는 어디에 개점하든 팡쒀나 페이지원Page One 서점을 입점시킨다.

대형 쇼핑몰 다웨청에서는 다원화 경영을 '소비자의 시간표 관리'라고 일컫는다. 쇼핑몰에 머무는 시간이 길어질수록 쇼핑몰에서 소비를 할 가능성도 높아진다는 뜻이다. 2015년 상하이에 개점한 다웨청 2호점은 6층 에스컬레이터 앞을 시시푸수뎬에 내주었다.

그러나 보다 중요한 개점 동력은 역시 '서점' 자체다.

2017년에 임대차 계약이 만료되어 문을 닫기 전까지, 상하이 푸저우로 579번지에 자리한 다중수쥐大衆書局에는 주말마다 손님이 꽉 들어차곤 했다. 서점 면적 총 890제곱미터에서 서가와 문구 코너는 가장자리에 붙어 있고 가운데 200제곱미터를 카페가 차지했다. 30위안을 내고 커피 한 잔을 주문하면 서점에서 제공하는 소파에 앉아 서점의 책을 마음대로 펼쳐 볼 수 있었으며 필요하면 직원이 새 책을 뜯어 건네주기까지 했다.

매일 아침 첫 손님부터 계산해 보면 카페에는 서너 테이블씩 손님이 끊임없이 있었으며, 하루 평균 음료 200잔이 팔려 도서 매출을 앞질렀다.

이런 광경은 2012년에 시작되었다. 주간에만 문을 열던 다중수쥐는 2012년에 영업시간을 연장해 24시간 영업으로 바꾸고 카페도 넓혔다. 카페는 온라인 서점으로부터 위협받던 다중수쥐를 구해 냈다. "도서의 매출 총이익률은 평균 30퍼센트쯤 늘었지만, 음료 이익률은 최소한 두 배 늘었습니다." 상하이 다중수쥐 기획실장 주빙의 말이다.

그렇다, 다원화 경영을 하면서 서점은 다시 돈을 벌 수 있는 사업이 되었다.

다중수쥐와 거의 동시에, 시시푸와 진르웨두今日閱讀가 각각 구이저우와 청두에서 변신을 시작했다. 이들 역시 커피와 문구·팬시 등을 더해 다원화 경영을 꾀했다. 진르웨두는 이름도 보다 감각적으로 바꾸었다. 한자 '設'(설, '계획하다, 배치하다'라는 뜻)을 풀어 만든 '옌지유'言几又라는 이름은 이 서점이 책을 넘어 디자인 영역을 지향한다는 사실을 보여 준다. 변신 이전에는 시시푸와 옌지유 모두 �싼롄타오펀수뎬과 마찬가지로 도서 소매업체였다.

이러한 다원화 경영은 처음에는 주로 카페나 문구 사업자에게 장소를 임대하는 방식이었다. 다중수쥐는 우선 문구업계의 선두 주자인 바이신문구 및 천광문구와 제휴해 '숍인숍' 매장을 열었고, 실험이 성공을 거두자 직영하는 방향으로 나아갔다. 카페도 2014년 외부 사업자와 계약이 만료되자 코스타커피에서 바리스타와 점장을 영입해 자체 브랜드 즈핀커피를 설립했다.

커피와 문구 판매 외에 저자 사인회, 유명인 강연, 독서모임 등 오프라인 행사 또한 다원화 서점의 단골 메뉴다. 시시푸는 해마다 1,000회가 넘는 이벤트를 개최하고 있다고 밝혔다.

전통 서점의 변신이 한창일 무렵, 여러 업종에서 서점 사업에 매력을 느끼기 시작했다. 패션 브랜드 리와이는 2011년 팡쉬를, 부동산 투자회사 베이징젠터우는 2014년 젠터우수쥐建投書局를 열었다. 팡쉬는 도서·의류·잡화·카페를, 젠터우수쥐는 도서·카페·문구 등을 결합한 '복합형 서점'이다.

서점 영역에 누가 가장 먼저 발을 내디뎠다고 말하기는 어렵지만, 이들 새로운 서점은 모두 타이완의 청핀수뎬誠品書店으로부터 큰 영향을 받았다고 인정한다.

타이완을 여행하는 중국 관광객은 대부분 청핀수뎬을 둘러보고, 사진을 찍어 소셜네트워크서비스SNS에 공유하고, 작은 선물을 사 오곤 한다. 청핀수뎬이 아직 중국에 진출하기 전, 청핀은 줄곧 중국 서점업계 종사자의 주요 연구 대상이었다.

도서 판매로 일어선 청핀은 서점 안에 점포를 임대하는 형태로 의류, 식사와 음료, 잡화 판매를 차근차근 시도했다. 그 밖에도 자체적으로 디자인하고 생산한 문구·소품·아이디어 상품을 책과 교차 진열하는, 전통 서점에서는 볼 수 없는 새로운 방식도 선보였다.

"최근 10−20년간 소매업은 한 가지 품목을 전문으로 판매하는 방식에서 여러 품목을 함께 다루는 복합 판매 방식으로 바뀌고 있습니다. 전체 소매업 가운데 단 한 업종만이 단일 품목 판매 방식을 지속하고 있는데, 바로 서점입니다. 중국뿐 아니라 전 세계에서도 똑같은 모습이죠. 이것이 과연 서점업의 특성 때문일까요, 서점 스스로 제한하기 때문일까요?" 청핀수뎬 사장 리제슈가 쑤저우 청핀을 열며 한 말이다. 리제슈는 1998년에 청핀에 입사해, 청핀이 일개 서점에서 다원화와 크로스오버 경영으로 나아가는 전 과정에 참여했다.

리와이의 창립자 마오지훙은 단일화 경영을 일종의 자기 규제라고 보았다. 마오지훙은 2011년 서점 브랜드 팡쒀를 내놓으며 팡쒀에 다양한 업종을 결합시켰다. 팡쒀에서는 책도 팔고, 리와이 의류도 팔고, 다른 독립 디자이너의 상품도 판다.

팡쒀는 청핀수뎬 점장을 지낸 랴오메이리를 일찌감치 고문으로 영입했으며, 경영 방식뿐 아니라 상품 진열 방식도 청핀을 모방했다. 팡쒀의 문화처 책임자 쉬수칭은 이렇게 설명한다. "글을 편집하듯 적절한 책을 적절한 위치에 두는 것, 즉 기승전결을 만드는 일이 중요합니다."

"책 사이사이에 쓸데없는 말이 한마디도 없어야 합니다." 랴오메이리가 목표로 삼는 진열 방식이다. 작가이자 시인이기도 한 화가 무신을 중국 현대 작가를 모아놓은 서가에 넣을 수도 있고, 무신의 작품, 무신이 읽은 책, 무신이 좋아하는 예술가의 책 등을 한 서가에 진열할 수도 있다. 이렇듯 한 권의 책도 여러 방법으로 진열할 수 있다. 이는 전통 서점에서 『루쉰 작품집』을 판에 박은 듯 똑같은 곳에 진열해 놓은 것과 전혀 다른 효과를 낸다.

젠터우수쥐 또한 청핀수뎬으로부터 진열 방식의 핵심을 배웠다. 청핀의 '책과 책 아닌 것 사이'를 응용해 젠터우수쥐는 '무엇과 무엇을 함께 두고, 어떻게 서로 충돌하지 않도록 할 것인가'를 연구하며 '상호 촉진'을 꾀한다.

젠터우수쥐 상하이먼점에 다기와 함께 진열된 것은 꽃병이 아니라 차 관련 책이다. 차에 관심 있는 사람은 차와 관련된 지식에도 관심이 있을 수 있으며, 좋은 물품을 보면 구입할 수도 있기 때문이다. 이러한 연결성은 하나의 상품 조합을 이루어 낸다.

젠터우수쥐에서는 편집을 사유하는 토대에서 더 나아가 '제품을 사유'하고자 한다. 젠터우수쥐 투자유한공사 부사장 장취안은 벽에 붙어 선 책장뿐 아니라 펼쳐진 진열대도 각각의 제품으로 간주한다. 지금 한창 떠오르는 인공지능이 진열대 하나를 차지한다면, 여기에는 인공지능 도서에 더해 소형 로봇도 함께 진열해 판매하고, 인공지능에 대한 간단한 소개 글도 써 붙인다.

이들 '제품'은 정기적으로 교체되며 다음 달에는 다른 주제의 '제품'을 선보인다. 도서 구매 담당자, 문구 상품 개발자, 진열 담당자, 매장에서 직접 고객을 상대하는 직원 등 여러 부서에서 힘을 합쳐 제품을 조합하고 판매 결과에 책임을 진다.

"진열은 고객에게 제품을 추천하는 방식입니다. 추천 방식이 좋다면 고객이 더 가까이 다가오겠지요. 진열을 계속해서 바꾸면 고객은 늘상 찾아와도 새로움을 느낄 겁니다." 장취안의 말이다. 젠터우수쥐에서 최근 시도하려는 진열 방식은 한 인물을 중심으로 관련된 모든 책을 엮는 것이다. 예를 들면 장아이링의 전기, 그녀의 작품, 그녀의 작품 연구서, 그녀와 관련된 작품을 모두 함께 진열한다. 다른 인물은 또 다른 왕국을 이룬다. 이렇게 하면 한 인물에게 관심을 느낀 독자가 보다 폭넓은 관련 도서를 발견하게끔 도울 수 있다.

베이징 싼렌타오펀수뎬 부사장 왕위는 "도서와 콘텐츠 선정은 여전히 서점에서 대단히 중요한 일"이라고 말한다. 전통적인 서점과 비교하면, 책도 팔고 온갖 물건도 파는 새로운 서점은 더 이상 서점이라고 부르기 어려운, 소규모 쇼핑몰처럼 되어 가고 있다. 왕위는 서점의 80퍼센트 이상을 도서로 채우고자 한다. 현재 싼롄타오펀수뎬의 상품 구성을 보면 95퍼센트가 책, 나머지 5퍼센트가 문구·소품류다. 시시푸수뎬, 팡쉬, 젠터우수쥐 등 '새로운' 서점과 전혀 다른 비율이다. 시시푸의 도서 판매 공간은 전체 면적의 60−70퍼센트이며 팡쉬는 30퍼센트에 지나지 않는다.

싼롄타오펀수뎬의 도서는 여전히 인문사회 분야가 주를 이룬다. 왕위는 "싼롄타오펀은 싼롄타오펀만의 도서와 상품 선정 기준이 있으며, 시류에 영합하지 않고 기준을 지켜 나가겠다"라고 말한다. 싼롄타오펀수뎬에도 신간 코너와 베스트셀러 코너가 있는데, 자체 기준에 맞는 도서를 골라 싼롄의 전통에 따라 진열한다. 왕위는 싼롄타오펀수뎬이 "풍요롭고 소박하고 온기가 있고, 순수하며 정감 있는 서점"이 되기를 바란다고 밝혔다.

시시푸의 회장 진웨이주는 이 시대의 서점 경영이란 책을 이해하는 것에 그치지 않고 새로운 시장의 변화까지 파악해야 한다고 본다.

1993년에 문을 연 시시푸는 원래 인문사회과학 서점이었는데, 임대료 상승과 온라인 서점의 등장으로 폐업할 뻔했던 상황을 겪었다. 그 뒤로 진웨이주는 '서점이 문화가 되어야 하느냐, 비즈니스가 되어야 하느냐'의 문제를 놓고 더 이상 고민하지 않기로 결심했다. 2007년 시시푸는 평당영업액을 높이는 것을 목표로 삼았다. 500－800제곱미터의 소규모 매장만 열고, 서가를 최대한 조밀하게 배치했으며, 개인의 취향이 아닌 데이터에 따라 책을 선정했다.

관점을 바꾼 시시푸는 도서를 일반 상품으로 취급하기로 하고 다른 소매 분야의 디지털 관리 경영 방식을 도입했다. 책마다 여러 속성의 태그를 10여 개씩 달고, 고객층과 제품을 데이터에 근거해 맞춤화한 다음, 매장이 들어선 상권의 고객층과 소비 능력 등을 근거로 어떤 책을 주문할지, 그 책을 어느 서점에 넣을지, 어떤 책과 함께 진열할지 등을 결정했다. 이렇게 책의 '구매, 진열, 재고, 반품'이 표준화되었다.

"동종 업계에는 벤치마킹할 만한 대상이 없어 일찍부터 다른 소매업체, 예를 들면 유니클로나 스타벅스 같은 일류 프랜차이즈 업체로 눈을 돌렸지요." 시시푸이 기획실장 차오진루이의 설명이다.

현재 시시푸에는 사람 대신 디지털 방식으로 운영되는 매장이 19곳에 이른다. 디지털화한 관리 모델이 "복잡하고 불안정한 개인의 판단에서 직원들을 벗어나게" 해 준 덕분에 시시푸는 보다 효율적으로 매장을 늘려 갈 수 있었다. 시시푸의 추산으로는 표준화 관리 모델에 따라 운영할 경우, 지점 한 곳이 하루 평균 1,000명

2014년 4월 8일, 베이징 싼롄타오펀수뎬이 24시간 영업을 시작했다.

이상의 고객을 끌어들이면 수익이 보장된다.

　디지털 관리 모델은 또 다른 결과도 초래했다. 이제 시시푸수뎬에서는 소수 독자가 선호하는 깊이 있고 전문적인 도서를 찾아보기 힘들어졌고, 차츰 대중적인 베스트셀러가 주류가 되었다. 이를 두고 진웨이주는 책을 읽지 않는 사람을 독서인으로 바꾸는 '전환' 사업이라 일컬으며 시시푸를 대형 쇼핑몰에 입점시키고 있다. 쇼핑몰을 드나드는 많은 사람이 서점에 한번 들른 김에 책을 한 권 사 갈지도 모르는 잠재 소비자다. 그래서 시시푸는 서점 바닥에 '책알못'을 위한 노선도까지 그려 놓고 처음 들른 사람도 손쉽게 책을 찾을 수 있도록 돕는다.

다중수쥐도 이와 비슷한 방향으로 나아가고 있다.

"서점 사업에도 '파레토 원칙'이 적용됩니다." 주빙의 말이다. 진정한 독서인이지만 베스트셀러는 읽지 않는 사람이 분명히 있다, 그러나 소수다. 데이터에 근거하는 시시푸와 달리, 다중수쥐는 미디어에 의지해 '잘 팔리는 책'을 선별한다. 다중수쥐에서 주의 깊게 보는 것은 소셜미디어의 추천이다.

다중수쥐의 최근 베스트셀러 1위는 유발 하라리의 『사피엔스』였다. 2016년 설날을 앞두고 소셜미디어에서는 『사피엔스』 토론 열기가 뜨거웠다. 이를 보고 다중수쥐에서는 중신출판사에 800여 권을 주문했고, 할인하지 않은 정가 68위안에 판매해 설 연휴 동안 매진시켰다. 다른 서점에서는 재고 확보를 못 해 최소 한 달을 기다려 추가 인쇄된 책을 받는 일도 벌어졌지만, 그때는 『사피엔스』 열기가 한풀 꺾인 뒤였다. 다중수쥐의 추산에 따르면 베스트셀러 주기는 한 달쯤이며, 그다음에는 다른 책이 베스트셀러가 된다. 『사피엔스』 다음에는 고전문학 도서가 불티나게 팔렸는데, CCTV 퀴즈 프로그램 『중국시사詩詞대회』가 일으킨 고전 학습 열풍 덕택이었다.

다중수쥐에서 가장 좋은 자리는 베스트셀러가 차지한다. 서점에서 흘러나오는 방송과 벽에 붙은 포스터 역시 베스트셀러 소식을 줄기차게 내보낸다. 서점에 들어온 책이 책꽂이에 꽂히면 표지가 아닌 책등만 보인다. 일주일 동안 팔리지 않은 책은 진열대에 놓여 표지를 선보일 기회를 단 한 차례 얻는데, 그래도 안 팔리면 반품되고 만다. 요컨대, 자리는 한정되어 있으며 그 자리는 잘 팔리는 책에 내주어야 한다.

수익 구조를 보면 다중수쥐, 시시푸, 팡쉬, 젠터우수쥐 등 새로운 서점은 확실히 책 이외의 상품으로 돈을 벌고 있다.

청핀의 사업 모델에서도 도서 판매는 회사 수입의 일부분일 뿐이다. 2010년 청핀은 도서와 비도서 사업을 보다 효율적으로 관리하기 위해 '청핀생활'誠品生活을 설립하여 문구·아이디어 상품, 잡화, 토종 브랜드 제품 등 도서 이외의 업무를 관장하게 했다. 오랫동안 청핀은 청핀생활 사업에서 수익을 내 청핀수뎬의 적자를 메워 왔다.

하지만 청핀수뎬에는 중국의 새로운 서점과 다른 점이 있다. 청핀수뎬은 베스트셀러 위주 서점으로 바뀌지 않았다. 연간 1,000권 이상 판매되는 책을 베스트셀러로 정의한다면, 이런 책은 타이완의 청핀수뎬에서 1퍼센트 미만이다. 청핀수뎬의 장서 25만 종 가운데 90퍼센트가 넘는 책이 다른 서점에서 '판매부진도서'로 정의 최근 10-20년간, 소매업은 한 가지 품목을 전문으로 판매하는 방식에서 여러 품목을 함께 다루는 복합 판매 방식으로 바뀌고 있다. 전체 소매업 가운데 단 한 업종만이 단일 품목 판매 방식을 지속하고 있는데, 바로 서점이다. 중국뿐 아니라 전 세계에서 똑같은 모습이다. 이것이 과연 서점업의 특성 때문일까, 서점 스스로 제한하기 때문일까? ➕ 커피와 스낵이 아니라면 서점 매출은 훨씬 적을 것이다. ➕ 동종 업계에는 벤치마킹할 만한 대상이 없어, 우리는 일찍부터 다른 소매업체, 예를 들면 유니클로나 스타벅스 같은 일류 프랜차이즈 업체로 눈을 돌렸다. ➕ 서점 사업에도 파레토 원칙이 적용된다. ➕ 다양한 책을 두루 갖추고 장기간 운영하면 좋은 결과가 있을 것이다. 그러나 목적이 단 하나(베스트셀러 판매)라면 온라인 서점의 도전에 직면하게 된다. ➕ 책으로 고객을 끌어들이지 못한다면, 파생 상품에 관심 있는 고객도 끌어들일 수 없다. ➕ 청핀의 경영 포인트는 공간이다. ➕ 책은 독특한 특성이 있다. 책이 '다양한 콘텐츠'를 지닌 상품이라는 점이다. 책은 생활과 관련된 수많은 주제로 뻗어 나갈 수 있다. ➕ 답이 무엇인지 분명히 알고 있다면, 그 답을 현실로 만들 좋은 팀과 실행력만 있으면 된다. 하지만 사실 표준 답안은 없다. 모두 탐색 중이다. 꼭 청핀이어야 하는 것도 아니고, 꼭 쓰타야여야 하는 깃도 아니다.

한 책이다. 매년 전체 판매 권수가 99권 이하, 점포당 판매 권수가 평균 2권 정도인 책의 매출액은 전체 매출액의 30퍼센트에 지나지 않는다. 그렇지만 이러한 도서 구조는 결국 청핀수뎬이 타이완에서 흑자를 실현하도록 해 주었다. 리제슈는 이렇게 말했다. "다양한 책을 두루 갖추고 장기간 운영하면 좋은 결과가 있을 겁니다. 그러나 목적이 단 하나(베스트셀러 판매)라면 온라인 서점의 도전에 직면하게 됩니다."

'새로운 서점'에서 하는 경험이라고 다 좋은 것만도 아니다. 카페에 앉아 뭔가를 주문하지 않는다면 직원에게 "이 자리는 음료 주문 고객을 위한 자리입니다"라는 말을 듣고 쫓겨날 수도 있다. 막 자리에 앉았거나 미처 자리를 잡지도 않았는데 직원이 다가와서 주문을 재촉하기도 한다. 서점에 머무는 시간이 너무 길면, 바닥에 앉아 있는 고객을 보며 "책만 보고 사지는 않네" 하고 직원끼리 투덜거리는 소리를 들을 수도 있다. 그런 손님 때문에 직원은 흐트러진 책을 더 많이 정리해야 하기 때문이다.

복합 경영으로 어떻게 이윤도 남기면서 서점의 수준을 높이고 특색을 살릴 수 있을까? 청핀은 다원화 수익 모델뿐 아니라 공간 분위기에 대한 본보기도 제시

한다.

리제슈는 "청핀의 경영 포인트는 공간"이라고 강조한다. 청핀수뎬에서 처음부터 복합 경영을 한 까닭은 앞서 말한 '단일 경영이 서점업의 특성인가, 서점의 자기규제인가' 같은 문제의식에서 비롯된 것이 아니었다. 청핀은 처음부터 책과 사람이 상호 작용하는 방식, 일종의 공간 의식을 고려했다.

1989년 타이완에 1호점을 열었을 때, 청핀은 영국의 도자기, 프랑스의 그림 등을 책과 교차 진열한 '라이프스타일' 카테고리를 만들었다. 청핀은 책으로 가득한 공간, 오직 책과 진열대와 좁은 통로뿐인 전통 서점을 '활력과 상호 작용이 결핍된 곳'으로 보았다. 활력과 상호 작용은 흡인력 있는 공간이 꼭 갖추어야 할 조건이었다.

좀 더 확대해 보면, 이러한 공간 의식의 시작점에는 당시 타이완 사회 중산층의 생활 배경도 관련이 있다. 청핀이 창립된 1980년대는 타이완이 급속한 경제 발전을 경험하며 중산층이 급증한 시기였다. 물질 기반이 어느 정도 갖춰지자 사람들은 여가 시간 활용에 신경을 쓰게 되었다. 특히 원래 집에서 시간을 많이 보내던 타이완의 젊은 중산층 세대가 정서적 만족감을 주는 공공 공간을 찾기 시작했다.

공간 경영을 중시하는 청핀이 탄생하자 젊은 세대가 대거 몰려들었다. 저녁 시간에 젊은이들이 스타벅스에 밀어닥치는 것과 비슷한 상황이었다. 두 브랜드의 공통점은 뭘까? 사실 청핀과 스타벅스에서 파는 것은 공간 또는 라이프스타일이다.

"책은 독특한 특성이 있습니다. '다양한 콘텐츠'를 지닌 상품이라는 점이지요. 책은 생활과 관련된 수많은 주제로 뻗어 나갈 수 있습니다." 리제슈의 말이다. 청핀의 공간에서 모든 비즈니스는 책으로부터 파생된 것이다. 청핀의 식당은 음식 도서의 파생물이고, 영화관과 갤러리는 연극·영화·회화 등 예술서적의 파생물이다. 또 파생물은 책에 언급된 상품에 그치지 않고 저자 사인회, 공연 등 책과 관련된 이벤트로 뻗어 나간다. 사람들을 서점에 들어가도록 하는 목적이 꼭 책을 사게 하려는 것만은 아니다.

책으로 고객을 끌어들이지 못한다면, 파생 상품에 관심 있는 고객도 끌어들일 수 없다. 이 논리에 따라 청핀수뎬에서는 가벼운 베스트셀러만 진열하고 판매하지 않는다. 쑤저우에 진출해 청핀 매장을 열기 전, 리제슈는 사업 팀을 이끌고 중국의 여러 출판사를 방문했다. 그리고 출판사 창고에 쌓여 있던 좋은 책을 발굴해 청핀수뎬 서가에 꺼내 놓았다. 개점할 무렵 1만 5000제곱미터에 가까운 서점에는 15만 종의 도서가 채워져 있었다. 이는 중국 최대 서점인 베이징투수다샤北京圖書大廈의

청두 엔지유에서도 라이프스타일 관련 상품을 판매하기 시작했다.

〔학습 관련 도서를 제외한〕 장서량과 맞먹는다.

청핀은 여러 지역에서 '라이프스타일'을 판매하기 위해 '복제하지 않는 지점' 원칙을 지켜 나간다. 신규 매장을 열 때마다 그 지역 사회의 커뮤니티와 문화를 출발점으로 삼아 현지에 맞는 운영 방식과 상품 구조를 개발하고, 지나친 표준화 경영에 따른 비슷비슷한 공간과 재미없는 경험을 피한다.

책에서 시작해, 청핀은 끊임없이 사업 영역을 확장해 나가며 백화점, 갤러리, 와인바, 호텔을 차례로 열었다. 2015년 말 중국 시장에 진출한 청핀은 다시 진화했다. 쑤저우 청핀은 1만 5000제곱미터의 서점과 3만 제곱미터의 백화점 외에도 레지던스 두 개 동을 소유하고 있다. 청핀의 팬이라면, 혹은 서점 근처에서 지내고 싶다면 청핀레지던스를 선택하면 된다. 청핀은 이미 소매점을 넘어 높은 브랜드 가치를 지닌 기업으로 변모했다.

'새로운 서점'으로 거듭나고자 하는 중국의 서점업 종사자가 앞다투어 연구하는 또 한 가지 모델은 일본 쓰타야쇼텐蔦屋書店이다. 쓰타야쇼텐은 대개 복합 문화공간 티사이트T-Site의 중심 매장이거나 대형 쇼핑몰에 자리를 차지하고 있다. 쓰타야쇼텐 안에는 보통 스타벅스가 들어와 있는데 이 사실은 이미 신선하지 않다. 그렇지만 쓰타야에서 더욱 중요하게 여기는 것은 바로 고객을 위한 '라이프스타일을 제안'하는 능력이다. 쓰타야쇼텐은 지역 특색에 따라 테마가 다르다. 도쿄 긴자점은

청핀 쑤저우점(↑↑), 시시푸 선양 완샹후이점(↑), 젠터우수쥐 상하이 푸장점(↓).

다이칸야마점과 성격 및 분위기가 현저히 달라, 일본과 도쿄를 찾은 관광객의 온갖 호기심을 충족시키는 데에 중점을 둔다.

젠터우수쥐의 장취안이 보기에, 이러한 '새로운 서점'의 과감한 시도는 서점업계에 새로운 사유와 경영 관리 방식을 가져왔다. 장취안은 헤이룽장 위성텔레비전에서 인기리에 방영되었던 교양예능 프로그램 『견자여면』見字如面을 예로 들었다. 『견자여면』은 역사 인물이 쓴 편지를 유명 연예인이 낭독하며 그때로 돌아가 역사 한 토막을 펼쳐 보이는 프로그램이다. 장취안은 사람을 둘러싸고 할 수 있는 일이 아주 많다고 생각한다. 사회의 주제는 곧 사람이기 때문이다. 좋은 콘텐츠는 현재 유료화되고 있으며, 이는 온라인 콘텐츠만이 아니라 각 방면에서 나타나는 현상이다. 젠터우수쥐 또한 필요하다면 온라인 프로그램을 출시할 것이고, 그때 촬영 장소는 바로 서점이 될 것이다.

서점은 무엇으로 수익을 낼 것인가? 장취안은 이렇게 답한다. "그 답이 무엇인지 분명히 알고 있다면, 그 답을 현실로 만들 좋은 팀과 실행력만 있으면 됩니다. 하지만 사실 표준 답안은 없습니다. 모두 탐색 중이지요. 꼭 청핀이어야 하는 것도 아니고, 꼭 쓰타야여야 하는 것도 아닙니다."

다중수쥐에서는 앞으로 즈핀커피가 지명도를 얻으면 자체 매장을 열어 책을 함께 팔 계획이다.

쌴롄타오펀수뎬 역시 변신을 꾀하고 있다. 서점을 리뉴얼해 문구류 등의 판매 공간을 늘리고, 6년 전 댜오커스광 카페에 임대한 공간을 회수해 직영하기로 했다.

이미 복합 경영 모델을 표준화한 시시푸는 공격적으로 매장을 늘리고 있다. 차오진루이는 "스타벅스는 18시간에 하나씩 새 지점을 열고, 유니클로 같은 대형 매장은 1년에 지점 100곳을 새로 엽니다. 시시푸의 확장 속도는 속도라고 할 수도 없지요"라고 말한다. 물론 이 모든 것은 상업부동산의 서점 선호가 지속되는 덕분이다. 외식업 역시 한때 그들의 총애를 흠뻑 받은 바 있다.

책이 일반 대중이 살 수 있는
소비재가 된 것은 겨우 100년 전 일이다

책 크기의 변천 과정은
지식 보급의 승리를 뜻한다

글 = 관자이

문고본: 일본

일본 길모퉁이 서점 아무 곳이나 깊숙이 들어가 보자. 책장에 빽빽이 꽂힌 작은 총서가 눈에 들어올 것이다. 이것이 바로 우리가 익히 들어 온 작은 책, 문고본이다.

　이 작은 책은 대부분 A6 사이즈(148×105밀리미터, A4 용지의 1/4 크기)의 페이퍼백 형태이며 얇은 종이를 쓴다. 종이가 적게 드니 가격도 일반 단행본보다 훨씬 싼 600−800엔, 직장인의 점심 값쯤 된다. 같은 책을 양장본으로 사려면 문고본 값의 두 배를 내야 할 때도 있다.

　작은 책이 일본에서 시작된 것은 아니다. 일본 최초의 문고본 총서인 이와나미문고岩波文庫는 독일의 레클람문고Reclams Universal-Bibliothek를 본뜬 것으로, 문예·철학·사회과학·자연과학 분야를 망라하여 고전 가치를 지닌 명저를 엄선했다. 이와나미쇼텐岩波書店의 창립자 이와나미 시게오가 구상한 문고본은 '값은 싸지만 콘텐츠 수준은 매우 훌륭한 책'이었다. 그는 문고본을 좋지 않게 생각하는 저자들에게 이렇게 말하기도 했다. "차라리 단행본으로 내야겠군요. 문고에는 넣을 수 없습니다."

　오늘날에도 문고본은 이미 출간된 단행본 가운데

알짜를 골라 넣는 방식을 따르기 때문에 출간 효과는 단행본보다 떨어진다. 무라카미 하루키의 『1Q84』 1권이 2009년에 단행본으로 나왔는데 문고본은 3년이 지난 2012년에야 나왔다. 하지만 이 때문에 문고본을 제대로 알면 좋은 작품을 고르기 쉽다고 생각하는 독자도 있다.

여러 해 동안 발전을 거치며 문고본은 보다 상업화하고 다양해졌다. 2010년 출판업계의 불황 속에서 이

'알짜' 출판의 기준을 깨뜨린 출판사도 있다. 지쓰교노니혼샤實業之日本社라는 출판사는 2년 연재를 마친 히가시노 게이고의 『백은의 잭』을 곧바로 문고본 규격으로 출간하고, 1년 뒤에 단행본으로 냈다. 예술 전문 출판사인 세이겐샤青幻舍는 '시대를 초월한 예술과 디자인'을 기치로 내걸고 산하 브랜드 비주얼문고를 만들어 이미 나왔던 옛 명작의 복각본을 펴내고, 신간도 출간했다.

신서: 일본

'신서'新書는 일종의 규격을 말하는데 종종 문고본과 비교된다. 사람들에게 문고본은 대개 '고전 작품'이며, 신서는 '보급판 전문 서적'이다. 여기서 신서의 연원이 나온다.

문고본과 마찬가지로 신서를 시작한 곳도 이와나미쇼텐이다. 제2차 세계대전 당시 일본 국내 체제와 상황을 우려한 이와나미 시게오는 글로벌한 안목으로 오늘날의 문제를 탐구하는 총서를 구상했다. 신서의 '신'新은 문고본으로 중판하는 '옛'舊 고전 작품과 대비해 독자에게 '새로운 앎'을 전한다는 의미도 있다.

지금 일본 아마존의 신서 순위를 보면, 여전히 호리

에 다카후미의 『모든 교육은 세뇌다』, 가와이 마사시의 『미래연표』 같은 책이 상위에 있다. 신서의 소재는 다양한 분야를 가리지 않고 아우르며, '독자의 생활 속 관심사에 밀착하는 화제로 일반 대중에게 전문 지식을 보급한다'라는 이와나미의 출판 구상을 이어 가고 있다. 다만 사람들의 관심은 계몽 지식에서 과학기술·고령화 등 다양한 현대적 화두로 중심이 옮겨 갔다.

각 신서 브랜드에는 저마다의 중점과 스타일이 나타나 있다. 일본 신서 브랜드의 빅3인 이와나미신서, 주코신서中公新書, 고단샤겐다이신서講談社現代新書는 모두 정치·경제·문학·역사·과학 분야를 총망라하지만 차이점이 있다. 이와나미신서는 대부분 자유주의 입장을 보이며, 주코신서는 학술 분야에 편중돼 있고, 고단샤겐다이신서는 비교적 대중적인 노선을 걷는다.

책 크기를 보면, 173×105밀리미터로 신서 한 권을 문고본과 겹쳐 놓으면 가로는 비슷하고 세로는 신서가 손가락 두 마디쯤 길어 더 날씬해 보인다.

양장본과 페이퍼백: 미국

양장본은 사실 페이퍼백보다 일찍 탄생했다. 페이퍼백은 19세기 유럽에서 시작되어 제2차 세계대전 무렵에야 영국과 미국에 널리 보급되었고, 이때 비로소 책은 일반 대중이 살 수 있는 소비재가 되었다.

양장본은 장정 과정이 복잡하고 정밀하다. 보통 표지를 딱딱하게 만들고 책등과 모서리에 여러 가지 장식을 넣는다. 책을 평평하게 펼쳐 놓을 수 있어 책장이 날릴 염려가 없으며, 종이 품질이 좋고 표지 마모가 적어 소장용으로 알맞다.

양장본의 이윤이 페이퍼백보다 높기 때문에 출판업계에서는 대개 양장본을 먼저 내놓고 판매 추이를 보며, 열기가 좀 떨어졌지만 완전히 식지는 않은 시점을 포착해 페이퍼백을 출간함으로써 책 판매 주기를 이어 간다.

그래서 인기 있는 책일수록 페이퍼백 출간이 늦어진다. 펭귄출판사 편집장 레슬리 겔브먼은 "양장본으로 나온 캐스린 스토킷의 소설 『헬프』가 103주간 베스트셀러 순위에 머물렀기 때문에 페이퍼백 출간까지 2년 넘게 기다려야 했다"고 밝혔다.

책이 최종적으로 어떤 모습으로 세상에 나올지는 저자와 출판사가 결정한다. 신진 작가에게 페이퍼백은 더 넓은 독자층을 만날 수 있고 자금을 지나치게 투입할 필요도 없는 좋은 선택이다. 그러나 출판사에서 보기에 페이퍼백 출시는 두 번째 기회다. 이미 신간으로 나왔던 책을 새롭게 꾸며 다시 한 번 기세를 올려 더 넓은 독자층에게 밀어 볼 수 있다. 그래서 양장본을 먼저 내놓는 방식이 여전히 주류를 이룬다.

전자책의 출현은 페이퍼백 판매량에 큰 영향을 주었다. 『이코노미스트』에 따르면, 전자책이 유행하기 전에는 보통 페이퍼백이 양장본보다 4배 이상 많이 팔릴 것으로 예상되었지만 최근에는 양장본이 페이퍼백보다 많이 팔리는 현상이 나타나고 있다.

전자책: 미국

2007년 1세대 킨들이 출시되자, 아마존 창립자 제프 베이조스는 킨들이 사람들의 읽기 습관을 바꿀 것이라고 말했다. 당시 독자와 언론은 전통 출판업과 얽힌 각종 사슬이 파괴되리라는 우려를 적나라하게 드러내며 '서점의 종말', '출판의 종말', '종이책의 종말'이라는 표현을 쏟아 냈다.

실제로 전자책은 기술적으로 확실한 우위를 점한다. 종이책이 직면해야 하는 생산, 재고, 유통, 반품 문제가 전자책 시장에는 존재하지 않는다. 그러나 10년이 지난 시장 상황은 당초 우려와 거리가 멀었다. 전 세계 최대 도서 시장인 미국을 보면 전자책의 시장 점유율은 2014년에 최고점을 찍은 뒤로 마이너스 성장을 이어 가고 있다. 시장의 지배자는 여전히 양장본과 페이퍼백이다.

아마존은 처음 전자책을 출시할 때 한바탕 가격 전

쟁을 치러 가며 전자책이 종이책보다 싸다는 인상을 독자에게 심어 주었다. 그런데 실제 양상을 보면, 북미와 유럽에서는 출판업체와 인터넷 유통 채널이 몇 년간 경쟁한 결과 전자책과 종이책 가격 차이에 특별히 큰 차이가 없게 되었다. 2018년 4월 아마존 베스트셀러 10위까지를 살펴보면, 절반은 전자책이 종이책보다 2-3달러쯤 저렴하고 심지어 두 권은 전자책이 페이퍼백보다 비쌌다. 높아진 전자책 가격은 미국에서 2014년부터 전자책 판매량이 감소세로 돌아선 주요 원인이다.

사람들은 종이책과 전자책의 차이가 사실 가격보다 읽기 방식에서 더 크게 나타난다는 사실을 차츰 받아들였다. 더 넓게 보면 전자책은 단순한 '종이책 모방'을 넘어선다. 전자책은 사전 찾기, 서평 및 주해 공유, 개요 검색 등 기본 기능을 갖추고 있다. 게다가 적지 않은 읽기 소프트웨어에 낭독 기능까지 더해지며 전자책과 오디오북의 경계도 차츰 허물어지고 있다.

오디오북: 미국

베이조스는 "책의 경쟁자는 서로 다른 형태의 책이 아닙니다. 소비자가 무엇으로 시간을 보내려 하는지를 봐야죠. 그렇다면 책의 경쟁자는 뉴스, 게임, 텔레비전, 영화입니다"라고 공개적으로 밝힌 바 있다. 이런 생각에서 비롯된 것일까. 아마존은 오디오북을 대대적으로 지원한다. 오디오북은 종이책의 매력도 더 높여 준다. 미국의 상황을 보면, 2017년 도서출판 총매출에서 오디오북이 차지하는 비중은 5.6퍼센트에 불과했지만 또한 지속적으로 증가하는 유일한 부문이도 했다. 2011년 미국 전역에서 나온 오디오북 편수는 7,237편이었는데 2016년에는 5만 937편으로 껑충 뛰어올랐다.

오디오북은 시각장애인의 수요로 탄생했다. 1930년 에드거 앨런 포와 헬렌 켈러의 몇몇 책이 오디오북으로 만들어졌는데 이용자 상당수가 전쟁 중 시력을 잃은 퇴역 군인이었다. 오늘날 오디오북 소비자는 한층 넓은 범위로 확장되었으며 사용 형태가 매우 명확하다. 미국 오디오북출판협회의 조사에 따르면, 74퍼센트가 운전하거나 통근할 때 오디오북을 듣는다.

전통 출판업체나 독립 저자가 오디오북에서 얻는 수익은 높지 않다. 전자책에서는 60-80퍼센트를 가져갈 수 있지만, 오디오북 수익률은 25-40퍼센트에 지나지 않는다.

그럼에도 오디오북은 여전히 시장에서 잠재력이 있어 보인다. 아마존의 오디오북 서비스 오더블Audible은 새로운 기능을 잇따라 출시하고 있다. 위스퍼싱크Whispersync 기능으로 전자책과 오디오북 진도를 맞출 수 있으며, 스마트 인식을 통해 재미있는 부분으로 건너뛸 수도 있다. 구글은 구글플레이스토어에 안드로이드, iOS, 스마트 스피커에서 모두 재생할 수 있는 오디오북을 집어넣었다. 두 번째로 큰 오디오북 플랫폼인 애플 아이튠즈는 여전히 독립 오디오북 채널을 만들고 싶어 안달이다.

일본의 도서정가제는 독자에게 새로운 경험을
제공하는 오프라인 서점의 생존을 보장한다.
게다가 독자는 여전히 오프라인 서점에서 지갑을 연다

도서정가제를 굳게 지키는
마지막 나라, 일본

글 = 자오후이
『제일재경주간』(第一財經周刊) 편집위원,
『미래예상도』(未來預想圖) 편집장
/ 도쿄

외국인의 눈으로 볼 때, 장사가 잘되는 몇몇 일본 서점을 보면 퍽 의아하다. 책을 사려고 집어 든 독자가 휴대전화를 꺼내 가격을 비교해 보는 일은 있지만, 책값을 낼 때가 되면 역시 적지 않은 사람이 오프라인 서점에서 기꺼이 지갑을 연다.

아마존 같은 전자상거래의 전면 공세로 전 세계 소비자가 가성비가 가장 높은 물건을 선택해 주문하는 일에 익숙해졌다. 책 사는 일도 마찬가지로, 서점은 더 이상 유일한 목적지가 아니다. 최근 몇 년 동안 일본 출판업계는 끊임없이 비명을 질러 왔다. 책과 잡지 매출액이 절정에 이른 시기는 1996년으로, 그 뒤로 줄곧 내리막을 걸어왔다. 그러나 전통적인 오프라인 서점의 주요 실적을 지탱해 주는 것은 여전히 안정된 책값이다.

오늘날 일본은 책·잡지·신문·음원 4개 대중매체의 재판매가격유지제도再販賣價格維持制度(이하 재판제도)를 시행하는 마지막 자본주의 국가이다. 출판사 등 제조업체에서 책·잡지 등 출판물 가격을 정하면, 정해진 기간 동안 서점 등 유통업체는 제조업체에서 정한 가격으로만 판매해야 하고 제멋대로 할인할 수 없다.

전자책은 이 규정의 제한을 받지 않고 유통업체에서 자체적으로 가격을 관리할 수 있지만, 여전히 출판사의 통제를 받아 간접적으로 할인율을 제한받는다. 전자책 가격은 업체마다 다른데 평균을 따져 보면 종이책의 약 80퍼센트 가격에 판매된다. 종이책 정가는 대개 900−2,000엔 선이므로 전자책 가격의 매력도 그리 큰 편은 아니다.

이러한 재판제도는 독점처럼 보일 수 있지만, 이 제도로 인해 일본 독자는 어디에서나 같은 책을 같은 값에 살 수 있다. 즉 독자가 출판물에 접하는 기회가 균등하다. 동시에 지나친 시장화로 인해 일부 비인기 도서가 사라지는 현상도 피할 수 있다. 또한 재판제도 덕분에 규모가 큰 출판사건 작은 출판사건 일정한 이윤을 유지할 수 있고, 출판의 자유와 출판되는 지식 분야의 다양화가 보장된다.

서점 등 유통업체가 가격 규제를 받는다면, 출판사와 도매상은 원가 부담을 안는다. 재판제도 아래에서 반품 위험은 도매상과 출판사가 떠안는다. 일본 출판업계는 반품률이 높은 편으로 40−50퍼센트에 이른다.

단 중고책 시장은 이 규제 범위 밖에 있다. 아마존은 이를 돌파구로 삼아 아마존 외의 소매업자(제3자 판매자)를 아마존 마켓 플레이스에 통합해 중고도서를 정가보다 싼 가격에 팔고 있다. 심지어 단 1엔에 판매되는 책도 있지만 그 대신 권마다 배송비가 붙는다.

일본 출판업계와 아마존의 대립 상황은 2015년 1월이 되어서야 비로소 조금씩 해법을 찾기 시작했다. 아마존은 몇몇 출판사와 어렵사리 협력 방안을 논의해, 포인트 반환 방식을 통해 독자가 아마존에서 재구매할 때 소액의 '할인' 혜택을 누릴 수 있도록 했다. 이로부터 반년이 지나, 아마존의 할인 전략이 처음으로 실질적인 책값 할인까지 접근했다. 아마존은 다이아몬드사, 주부의 벗사 등 6개 출판사와 연합하여 6월 26일부터 7월 31일까지로 기간을 정해 도서 110종을 20퍼센트 할인 판매했다. 베스트셀러도 몇 종 포함되었지만 모두 출간한 지 3개월 이상 지난 책이었다. 할인 기간이 끝나자 모든 도서는 정가를 회복했다.

이른바 '시한제 재판매가격'을 시도한 프로모션이었다. '시한제 재판매가격'이란 도서 출간 후 일정 기간이 지나면 서점 등 유통업체에서 자유롭게 값을 매길 수 있다는 뜻이다. 그러나 법규와 비즈니스 모델의 변혁을 무릅써야 하기에 출판업계에서는 극도로 조심스러운 태도를 보인다. 오히려 익숙한 방식은 '세계에서 가장 아름다운 서점 20곳'에 선정된 쓰타야쇼텐의 모기업 컬처컨비니언스클럽Culture Convenience Club, 서적도매상 일본 출판판매日本出版販賣(이하 닛판)의 합자다. 이들은 쓰타야 같은 엔터테인먼트 대여점에 물품을 공급하는 출판물 판매 및 물류업체 MPD(Multi-Package Distribution)를 공동 설립했고, 몇몇 출판사와도 이런 새로운 방식을 시험해 보기를 원한다.

그러나 적어도 아마존이 일으킨 이 변혁을 시작으로, 출판사와 도매상과 서점 모두 천천히 변화를 시도하고 있다. 2016년 8월, 닛판과 거래하는 34개 출판사에서 잡지 80종을 내놓고 600개 서점에서 두 달 기한으로 판촉 활동을 펼쳤다. 이 기간 동안 각 서점은 가격 할인이나 페이백 등 할인 방식을 스스로 정해 판매했고, 출판사는 할인으로 인한 부담을 떠맡기로 했다.

이 판촉 활동은 과거보다 규모가 훨씬 컸다. 닛판은 2016년 봄에도 잡지 6종으로 소수 유통업체와 판촉 활동을 시험한 바 있는데, 당시 반품률이 평균보다 10퍼센트가량 낮아진 29.6퍼센트에 그쳤다. 지급 기일과 반품 공방으로 줄곧 어려움을 겪어 온 도매상은 이 새로운 개혁 추진에 환호했다. 닛판이 2017년 2월과 5월에 모터사이클 관련 잡지의 '시한제 재판매가격' 프로모션을 재가동했을 때에는 서점 1,000곳 이상이 참여했다.

이로써 일본의 책값도 조금 유연해질 기미가 보인

다. 서점에서 망설이지 않고 지갑을 열던 독자의 마음속에는 중고책이 아니면 어차피 더 싸게 살 수 없다는 생각이 깔려 있었다. 그래도 서점은 역시 책값이 풀리는 데에 따르는 부정적 효과를 걱정하고 있다. 독자는 책값이 내려갈 수 있다는 사실을 안다면 기꺼이 며칠 더 기다려 볼 것이고, 이로 인해 재고 적체 현상이 더 심해질 수도 있다. 이 때문에 '시한제 재판매가격' 프로모션에 어떤 책을 넣을지 또 얼마 동안 실시할지 하는 문제는 유통업체의 새로운 고민이 되었다.

전자책과 다른 오락 활동에 매료된 독자를 붙잡기 위해, 일본 서점도 더 많은 수익을 만들어 낼 방안을 모색하고 있다. 독자를 끌어들이고 책을 매개로 교류하는 새로운 공간으로 만들고자 저자 사인회, 북토크, 전시회 등을 열며 서점끼리도 이벤트 운영 능력을 치열하게 겨룬다.

대형 종합서점의 본보기는 단연 쓰타야쇼텐이다. 도쿄 긴자점 한 모퉁이에 커튼으로 나뉜 공간에서는 날마다 초대 손님과 50명 안팎의 독자가 함께하는 여러 가지 이벤트가 열린다. 이벤트는 가격 책정 전략을 유연하게 제어한다. 참가비를 받아 인원을 제한하기도 하고, 저자 사인회나 전시를 결합하여 SNS에서 관심을 불러일

아오야마북센터와 타이틀. 도쿄의 이 두 서점은 '책을 고르고 진열하는 능력'을 사업화했다.

으키고 열기를 이어 나감으로써 사람들이 서점에 돌아
오도록 자극한다.

도쿄 모리오카쇼텐森岡書店은 이미 SNS에서 폭발
적인 인기를 누리는 곳이다. 이곳은 일정 기간 동안 오
직 책 한 권만 팔면서 서점을 책과 관련된 전시 공간으
로 운영한다. 사람들은 모리오카에서 요즘은 무슨 책을
파는지 늘 궁금해한다. 발길이 끊이지 않는 방문객 외에
이 서점의 색다른 경영 노하우도 주목받는 요소다. 서점
주인 모리오카 요시유키는 인기 강연자가 되어 서점 경
영자가 새롭고 창의적인 비즈니스 모델을 세워 나가게
끔 돕는다.

일단 사람들이 모여들면, 서점은 '도시 안의 공공
장소'라는 희소 자원으로 재탄생할 수 있다. 커피나 잡
화 같은 생활 관련 소비 행위가 쉽게 섞여 들면서 사람
들은 이제 그저 서점을 둘러보는 것이 아니라 이 공간에
서 어떻게 오후 시간을 보낼까 생각하게 된다.

청핀 비즈니스 모델을 읽다

글 = 리쓰옌 · 자오후이

사진 = 파비안 옹

청핀은 주제에 따른 풍경을 만들어 내고,
책과 기획을 배합해 독자를 끌어들인다.

청핀수뎬 추종 열풍은 지나갔지만 오늘날 서점과 서점업을 언급할 때 청핀은 여전히 중요한 본보기다. 사람들이 청핀을 좋아하는 까닭은 아마 높은 책장에 책이 빼곡히 꽂힌 전통 서점과 다르기 때문일 것이다. 청핀은 대형 쇼핑몰 안에 자리를 잡고 카페에 주도권을 빼앗겨 '북카페'처럼 된 몇몇 서점과도 다르다. 우리가 오늘날 목격하는 청핀수뎬은 '책을 파는' 단순한 역할보다 '독서와 생활미학 박물관'에 더 가까우며, 백화점 같다는 느낌도 있다. 책 말고도 청핀의 상업 공간에는 식음료, 인테리어, 교육, 패션, 여행 등 다른 여러 업종이 함께 있으며, 영화관과 전시 공간까지 갖춘 매장도 있다. 청핀의 실험은 지금도 진행 중이다.

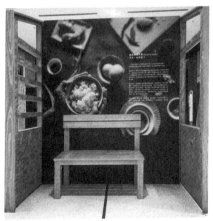

사진 = 자오후이

A. 엘리트 예술 서점에서 대중 서점이 되기까지

1989년, 타이베이 런아이위안환에 청핀수뎬 1호점이 문을 열었다. 독서를 좋아하는 타이베이 시민에게 청핀수뎬의 출현은 언제라도 찾아가 공짜로 책을 뒤적일 수 있는 공간이 나타났다는 뜻이었고, 이로 인해 당시 급증한 중산층이 청핀수뎬의 단골손님이 되었다.

청핀의 영문 이름 '에슬라이트'eslite는 '엘리트'라는 뜻의 옛 프랑스어에서 유래했다. 이름대로 청핀의 최초 주요 타깃은 타이완의 문화 엘리트 계층이었고, 다루는 책은 주로 사회과학·문화예술·디자인·건축 서적이었으며 외서도 많이 갖추고 있었다. 비록 서점 문턱은 높지만, 소수를 위한 이러한 품격은 청핀에 '문화예술' 브랜드라는 이미지를 입혀 주었다.

그때만 해도 서점에서 독자에게 책을 추천하는 기준은 대개 '베스트셀러 순위'였다. 그런데 청핀은 달랐다. 나름의 기준에 따라 매달 '청핀 추천 도서'를 기획했다. '학술서, 전공서, 일반서를 가리지 않으며, 무게 있는 내용이 아니더라도 창작과 출판에서 정성을 보이는 책은 모두 가능하다. 재판을 찍지 않는 책, 정식 판권이 없는 책, 시류에 영합했다가 곧 사라지는 책, 저속한 작품은 고르지 않는다.' 청핀의 이러한 태도와 기준에 타이완 지식 계층은 칭찬을 아끼지 않았다. 여느 서점과 다른 작지만 정제된 공간도 점점 인기가 높아졌다. 한가로움을

24시간 문을 여는 청편수뎬 둔난점(↑). 심야에 더욱 활기찬 모습이다.

만끽할 수 있는 청핀은 격조를 갖춘 핫플레이스로 여겨졌다. 1999년, 청핀수뎬 둔난점이 24시간 문을 여는 혁신적인 비즈니스 모델을 선보였다. 아시아 최초의 '24시간 서점'이었다. 이로써 타이베이에서는 직장인이든 영감이 필요한 독자든, 누구나 언제든지 서점에서 시간을 보낼 수 있게 되었다. 2004년 미국 『타임』에서는 '24시간 도시 독서 생활'이라는 아이디어를 실현한 청핀 둔난점을 '아시아에서 가장 아름다운 서점'으로 선정했다.

널리 호평을 받고는 있었지만, 엘리트를 지향하는 청핀의 기준은 청핀의 브랜드 이미지와 명성을 높이는 동시에 대중 소비 시장과 거리를 두게 했다. 청핀을 둘러보러 온 사람은 많아도, 책을 많이 사는 오랜 충성 독자는 타이베이 문화 엘리트와 중산층에 국한되어 있었다. 한정된 소비 집단과 발전의 여지, 게다가 끊임없이 오르는 점포 임대료로 인해 청핀은 어쩔 수 없이 비즈니스 모델을 전환할 방법을 찾아야 했다.

1995년, 원래의 청핀 둔난점이 임대료를 감당하지 못해 싱광생명보험빌딩으로 이전했다. 입지는 소비 집단에 직접적으로 다가갈 수 있는 가장 중요한 요소이기 때문에, 이때부터 청핀은 속도를 높여 유동 인구가 풍부한 상권에 신이점, 시먼점, 우창점 등 신규 점포를 속속 열었다. 1998년에는 청핀 타이베이지하철역점이 문을 열었다. 사람들이 아직 휴대전화 등 전자 기기에 중독되기 전, 서점을 둘러보는 일은 역에서 시간을 보내는 가장 좋은 방법이었다. 또 서점이 지하철역 안으로 들어가자 대중교통 이용자의 방문 기회가 늘어나며 대중적 인기도 커졌다. 이와 더불어 청핀은 고유의 책 선정 기준을 유지하되 인문·예술 분야에 국한하지 않고 대중이 선호하는 책을 더 많이 진열했다. 그러자 독자가 더 많은 선택을 할 수 있게 되었고, 원래 시선을 받지 못했을 책이 독자의 눈에 들 기회도 생겨났다. 이렇게 청핀은 '엘리트' 서점이라는 인식에서 벗어나 대중에게 가까워지는 방향으로 진화하기 시작했다.

그러나 책만 팔아서는 돈벌이가 되지 않는다. 2006년 타이베이 신이구 중심부에 청핀 신이점이 문을 열었다. 신이점은 지하 2층, 지상 6층 건물을 모두 쓰는데 도서가 차지하는 면적은 영업 총면적의 25퍼센트 남짓이며 나머지 공간에는 패션, 식사와 음료, 수공예품을 더했다. 신이점은 '서점'을 넘어 '독서와 생활미학 박물관'으로 자리매김했고, 나아가 복합 경영을 추진하여 '인문과 예술' 공간에서 '창의와 생활' 공간으로 변모했다. 이처럼 청핀을 찾는 사람은 꼭 책을 찾아오는 것이 아니다. 커피를 마시고 공예품을 사고 전시회를 구경하고 강좌를 듣고 심지어 영화도 본다. 책을 보러 오든 그저 시간을 보내러 오든, 청핀에 오는 모든 사람은 청핀에서 자기 자리를 찾을 수 있다.

"어디로 가야 할지 모를 때는 청핀으로 가면 된다." 2014년 『뉴욕타임스』에서 청핀을 보도하며 인용한 현지 독자의 평가다. 지금 보면 이 말은 사람들의 생활을 바꾸어 놓은 청핀 모델에 대한 더없는 칭찬이다.

B. '청핀백화점'에서 배울 수 있는 6가지 전략

---

(1)
'책' 이외의 사업을 서점으로 끌어들여 '테마'로
소비자를 몰입하게 한다

청핀 신이점은 '서점의 백화점화'를 상징한다. 공간을 보아도 도서보다 갤러리, 잡화, 식품 등 다원화한 상품 면적이 더 크고, 수입에서도 2014-2016년 사이에 해마다 다원화 상품 매출이 도서 매출의 두 배를 넘었다.

청핀 쑹옌점을 둘러보자. 1층에 있는 에슬라이트 콘셉트는 예술가와 디자이너의 작품을 전시하는 공간으로 중국 디자이너 24명의 패션 작품을 장기간 전시·판매하고 있다. 2층에는 생활 잡화를 판매하는 엑스포와 리빙 프로젝트가 있다. 엑스포는 신진 디자이너가 집결한 창의 플랫폼이고, 리빙 프로젝트는 '집'이라는 콘셉트로 공간과 상품을 조합해 가정용품, 주방기구, 생활소품 등을 판매한다. 3층에는 청핀음악관과 청핀음악레코드관이 있으며 음반 판매 외에도 마니아를 위한 정기 이벤트 레코드마켓이 열린다. 3층 남쪽 끝에 자리 잡은 레스토랑은 아웃소싱으로 운영되는데 타이완 토종 식재료로 양식을 조리하는 퓨전 레스토랑이다. 청핀은 '타이완의 맛 발굴'에 중점을 둔 직영 사업을 펼치며 2008년에는 타이완 본토의 식문화 보급을 표방한 신선식품 매장 청핀즈웨이誠品知味를 내놓기도 했다. 또 유행에 민감한 디자인 문구를 다루는 청핀풍격문구관誠品風格文具館과 고급 사무용품점 청핀정품문구관誠品精品文具館, 청핀디자인誠品設計, 이벤트 공간 쿠킹스튜디오, 서점의 필수 공간으로 자리 잡은 카페 블랙페이지도 있다. 여러 업종이 어우러져 다원적 공간을 구성하면서 청핀은 더더욱 '생활미학 전시장'에 가까워졌다.

오늘날 청핀은 갤러리, 서점, 잡화, 식품, 공연장, 예술영화관 등의 공간을 연결하고, 서점을 이용해 독자와 작가를 이어 준다. 서점 공간에 카테고리 경계를 허무는 진열을 하기도 한다. 예를 들어 어떤 식품이 테마가 되면 요리책과 함께 믹서기, 사차장沙茶醬, 마요네즈, 건면을 진열해 소비자가 쉽게 몰입할 수 있는 소비 환경을 조성한다.

（2）

서점 공간 조성에 예술인을 참여시킨다

서점 내부에 디자이너 작품을 전시하는 것 외에도, 청핀 신이점에서는 2010년부터 '상주 예술인 계획'을 가동했다. 이는 미국의 사례를 참고한 크로스오버 협력 모델로 아티스트, 디자이너, 건축가, 문학 작가까지 매장 공간 조성에 참여하도록 청해 이들에게 청핀의 콘셉트에 알맞은 창작 계획을 받는다. 분기마다 수많은 예술인 가운데 한 명을 뽑아 청핀에 상주하게 하면서 창작에 필요한 공간과 자금을 지원하고, 거기에 더해 전시 기회를 제공하면서 홍보 전략까지 짜 준다. 매장 디자인에 예술 감각을 구현하는 이 방식은 신이점에서 시작해 청핀의 여러 매장으로 뻗어 나갔다. 이러한 활동으로 서점은 예술 작품 탄생지로 거듭나는 동시에 분기마다 유일무이한 맞춤형 디자인을 얻게 된다. 서점의 문화적 분위기는 더 짙어지고, 분기마다 열리는 예술 전시회에 대한 독자의 기대도 높아진다.

（3）

부지 선정 기준과 매장 운영 방식을 특별한 노하우로 만들어, 비즈니스 컨설팅을 주요 사업 분야에 포함시킨다

청핀은 자체 브랜드뿐 아니라 더 많은 브랜드를 청핀의 소매 공간이나 채널로 끌어들인다. 청핀생활은 청핀 산하의 전액 출자 자회사로, 주요 사업 분야는 생활과 문화의 '거점 운영'이다. 청핀생활은 청핀이 백화점 같다고 평가되는 원인이기도 하다. 청핀에서 부지를 선정하고 공간을 조성하면, 청핀생활은 목표 고객 포지셔닝에 근거해 출판, 음악, 패션, 공예, 디자인, 레저·오락, 공연예술 등 다양한 점포를 유치한다. 테마를 확정하면, 청핀은 입점 점포를 위해 부동산 분석, 투자 유치 계획수립, 경영 관리 모델 등 비즈니스 컨설팅 서비스를 제공한다. 2017회계연도에는 거점 운영을 위주로 한 채널 개발 사업의 영업이익 비중이 청핀생활 총영업이익의 70퍼센트를 넘어섰다. 외식 사업 분야에서도 청핀생활은 설비, 공사, 주방용품 판매 등의 노하우를 이미 축적해 설계 계획, 판매, 설치에서 사후관리에 이르는 서비스를 제공할 수 있으며, 와인·커피·생수 제품 브랜드의 대리권도 적지 않게 쥐고 있다. 이로써 청핀생활은 외식 사업을 하고자 하는 일반 문화기업에 비해 원가 우위를 확보했고, 이러한 능력은 다른 사업자의 외식업에도 서비스를 제공하는 기반이 되었다.

'문구'와 '미식'의 가치를 발굴한다

타이베이 둔난점, 신이점, 나아가 언제나 사람으로 북적대는 타이베이지하철역점에서 청핀은 숍인숍 방식을 택하여 문구 판매를 서점과 분리하지만, 쑹옌점처럼 문구와 도서를 함께 배치하기도 한다. 이 경우 문구의 실용성보다는 독특성이 중시되며, 책과 함께 놓았을 때 아름답고 감각적으로 보이게 하는 것이 가장 중요하다. '눈을 뗄 수 없게 하는 글귀'도 써 붙이는 등 진열에 특별히 공을 들이고, 문구의 가치도 더 많이 찾아낸다. 구체적 기능을 결합해 관련 문구끼리 기획전도 여는 등 문구류에 숨은 미학을 판매하고, 그동안 필기구로만 인식되던 문구에 새로운 의미를 부여한다. 이 밖에도 청핀은 협업의 비즈니스 가치를 발굴하기 시작했다. 'eslite × PEGA-CASA'는 청핀과 쉬롄테크놀러지가 협업한 제품 라인이다. 전통 소재를 현대적 디자인 및 제조 기술과 결합해 휴대폰 케이스, 액세서리, 문구 제품 등을 개발해 출시했다.

　　2008년 청핀 신이점에서는 서점과 식품의 조합을 최초로 선보였다. 당시 '타이완 본토 식재료'는 눈에 띄는 이슈가 아니었지만 청핀은 현지 소농을 지원하기 위해 타이완의 훌륭한 맛을 발굴하는 프로젝트를 가동했다. 식재료의 잠재력을 알아본 청핀은 처음으로 식품을 서점에 들이는 획기적인 시도를 했다. 청핀즈웨이는 청

2017년 청펀 신이점에서 열린 제1회 청펀즈웨이 테마 기획전.

핀수뎬 직영 브랜드이면서도 책과 다른 판매 방식을 택했다. 쿠킹스튜디오에서는 금요일마다 '심미완식'尋味玩食이라는 이벤트를 열어 직접 요리 시연을 한다. 가만히 전시되어 있는 책과 달리 소비자와 직접 대면해 시식도

Q2 무엇이 변하는가?

권하고 추천도 하는 등 상호작용을 하며 식재료를 판매하는 방식이다. 새로운 시도의 성과를 맛보자, 2009년 기존 전시 판매 공간을 보다 집중도 높고 효율적인 공간으로 리노베이션했다. 새롭게 단장한 청핀즈웨이 신이 식품관에서는 식재료뿐 아니라 인기 있는 간식거리도 판매한다. 독자는 책을 읽거나 계산을 하면서 자연스럽게 군것질거리 한 봉지를 집어 들게 된다. 오늘날 청핀즈웨이 사업은 청핀생활 전체 수익 구조에서 해마다 평균 10퍼센트 안팎의 비중을 차지한다.

〔5〕
오프라인 이벤트로 서점 공간과 소비자의 관계를
바꾸고, 더 많은 상호작용 요인을 이벤트에 융합한다

북토크, 향수 전시회, 강좌 그리고 해마다 열리는 청핀 수첩·다이어리전과 청핀 달력·카드전까지, 청핀수뎬에서는 다채로운 행사가 자주 열린다. 목표 고객에 맞추어 여러 가지 볼거리를 제공하는 것은 상당히 좋은 방법이다. 예를 들어 2017년 수첩·다이어리전에서는 세계 각지에서 수집한 온갖 스타일의 수첩이 전시되었다. 이벤트를 열어 독자와 직접 교류하면서 청핀은 소비자 선호도를 보다 잘 파악할 수 있었고, 수첩뿐 아니라 수첩 관련 상품도 적지 않은 매출을 올렸다. 청핀 달력·카드전은 1989년부터 연말이면 열리는 행사로, 예술성 충만한 포스터, 카드, 일력, 탁상달력 등을 해외에서 들여와 독자와 공유한다. 청핀강당은 1997년부터 시작해 일주일에 한 번씩 열리는 교양 강좌다. 학자, 프로듀서, 예술가, 디자이너 등 문화계 인사를 초빙해 다양한 강의를 제공함으로써 서점은 독자와 정보전달자가 소통하는 장소가 되고, 독자는 더 자주 청핀을 찾아오게 된다.

정기 미식 이벤트 공간으로 자리 잡은 쿠킹스튜디오는 '내가 꿈꾸는 서점'이라는 청핀의 공모전에서 탄생했다. 서점과 주방을 결합하면 좋겠다는 독자 아이디어를 보자 청핀에서는 곧바로 청핀즈웨이와 이벤트를 접목해 책, 제품, 서비스의 경계를 허물었다. 이제 쿠킹스튜디오에서는 매주 유명 요리사, 미식가, 독자가 한자리에 모여 요리도 하고 시식도 한다. 전시회도 같은 방식이다. 식재료 전시회에서도 독자와 함께할 수 있는 방법을 모색한다. 2017년 청핀즈웨이의 '오늘 뭐 먹을까?' 이벤트에서는 독자 투표를 전시 형식으로 만들었다. '가장 매운 타이완 전통 음식'에 빨간 고추로 표를 던지는 방식이었다. 타이완 고유의 식문화를 알리는 동시에 독자가 직접 참여하면서 전시회를 즐기는 과정은 더욱 흥미로워졌다. 무엇보다도 독자 자신이 청핀의 발전을 이끄는 힘이라는 사실을 차츰 깨닫게 되어, 브랜드와 소비자 사이의 신뢰감을 한층 강화하는 효과가 나타났다.

여행의 잠재력을 발견한다

타이베이 쑹산문화창의공원 한쪽에는 청핀호텔이 있다. 2015년 개장한 청핀 산하의 고급 호텔로 지하 5층, 지상 14층 건물이며 건축가는 일본의 이토 도요다. 청핀호텔의 테마는 역시 책이다. 1층에는 서재처럼 꾸민 라운지가 있는데 한쪽 벽을 5,000권이 넘는 책으로 채워 놓았다. 3층부터 13층은 객실이며 인문, 예술, 음악, 생활을 테마로 각각 다른 공간을 꾸미고 그에 어울리는 국내외 서적 100권을 배치했다.

최근 타이완 관광 열기가 갈수록 뜨거워지자 청핀은 여행이 가져오는 발전 잠재력에 주목했다. 2015년 청핀호텔이 문을 열자 청핀그룹 부회장 우민제는 다음과 같이 말했다. "매년 700만 명이 쑹산문화창의공원을 찾는데 현지 관광객이 30퍼센트, 타지 관광객이 70퍼센트를 차지합니다. 청핀호텔 개장으로 이곳을 찾는 관광객에게 타이완의 이미지를 구현하는 숙소를 제공할 수 있게 되었으며, 현지에 인문과 예술을 꽃피울 기회도 생겨났습니다." 개장 초기에 청핀호텔은 타이완 본토 예술가 15인을 초빙해 전시회를 기획하고, 호텔 내 공용 공간을 타이완 예술 전시 회랑처럼 꾸몄다. 앞서 언급한 '예술인 투입 계획'을 청핀호텔에서도 실행한 셈이다. 최근에는 크로스오버 마케팅도 추진하여 2018년 2월 '드라마에 빠져 빈둥거리는 휴가'라는 청핀호텔×넷플릭스 이

신간 북토크를 기다리는 청핀 쑹옌점 독자들.

벤트를 열기도 했다.

중국 쑤저우에 있는 청핀의 또 다른 호텔 청핀레지던스에서는 서점·주거 공간·쇼핑몰을 한곳에서 만날 수 있다. 이렇게 타이완과 중국에 의식주행衣食住行 거점을 모두 구축한 청핀은 이제 일본과 동남아 시장으로 눈을 돌리고 있다.

쓰타야 진화론

: 비디오 대여점에서 라이프스타일 복합 공간이 되기까지

글 = 자오후이

사진 = 파비안 옹

1985년 마스다 무네아키가 일본 오사카에 '기획회사' 컬처컨비니언스클럽(이하 CCC)을 창립한다. 처음에 이 회사는 책, 음반, 비디오테이프 등을 팔거나 빌려주는 가게일 뿐이었다. 그때는 영화와 음악과 책을 함께 다루는 곳이 없었지만, 이제 우리는 쓰타야 같은 복합 매장을 당연하게 여긴다.

이보다 앞선 1983년, 마스다는 히라카타시역 앞에 쓰타야 1호점을 열었다. 고객에게 '라이프스타일을 제안한다'라는 발상을 내걸고 밤 11시까지 문을 연 이 매장은 젊은이가 생활 정보를 얻는 거점이 되었다. 때마침 일본에는 미국 서부 해안 문화가 성행했고, 마스다는 쓰타야와 쓰타야가 자리한 히라카타시역 일대를 이런 새로운 문화 흐름의 기폭제로 만들고자 했다.

"쓰타야의 외화 비디오 대여업은 서양 라이프스타일을 동경하는 1980년대의 흐름에 순응한 사업이었습니다. 영화는 각종 라이프스타일을 그려 내는 소프트 채널이라고 할 수 있지요." 마스다는 사람들이 품은 욕구, 영화 속 생활을 보고 배우고 흡수해 자신의 생활을 바꾸려는 욕구를 간파했다. 음악과 책도 영화와 같은 작용을 했다. 쓰타야에서 다루는 영화, 음악, 책은 당시 서구 생활양식을 전파하는 매개체인 셈이었다. CCC 그리고 쓰타야는 '라이프스타일을 제안하고 보급하는' 장소라 할 수 있었다.

2011년 도쿄 다이칸야마에 문을 연 복합 공간 다이칸야마 티사이트는 다이칸야마 철도역 이용객을 20퍼센트 이상 늘린 원인으로도 꼽힌다. 그 무렵 일본 출판 시장 상황은 예전만 못했다. 일본출판협회 통계에 따르

면 절정기인 1996년 시장 규모는 2조 600억 엔이었으나 2017년에는 1조 5900억 엔까지 떨어졌다. 「2016년 출판사 매출액 실태」에 따르면, 일본 서점 수는 1996년 2만 3000여 곳에서 2015년 1만 800여 곳으로 줄었다. 서점 형태는 대형화하는 추세였고 작은 책방은 위기에 처해 있었다.

쓰타야쇼텐 긴자점은 서점이자 전시·강연 공간이다.

사진 = 쓰타야쇼텐

이런 배경 아래, 마스다가 2003년 도쿄 롯폰기에 개장한 쓰타야 도쿄 롯폰기의 뒤를 이어 한층 무르익은 개혁을 시도한다. 다이칸야마는 그의 티사이트 계획의 제1탄이었다. 1만 3200제곱미터에 이르는 부지를 확보하기 위해 마스다는 토지 소유자와 무려 2년 동안 끈질기게 협상했다. 도심의 그 좋은 땅덩어리에 눈독을 들인 경쟁자는 73개 업체였다.

마스다가 계획한 다이칸야마 티사이트는 쓰타야쇼텐을 중심으로 산책로를 내고 여러 전문 매장을 유기적으로 결합한 새로운 형태의 상업 공간이다. 마스다는 '서점이 있는 거리'를 조성해 자신의 이상을 전달하고자했다. 현재 티사이트 안에는 동물병원, 카메라 상점, 체험 공간, 갤러리, 레스토랑과 카페 등 다양한 업종이 섞여 있다.

쓰타야쇼텐은 티사이트의 기반을 다지는 핵심 매장이다. 서점에는 잡지가 가득 진열된 길쭉한 '매거진 스트리트'가 있다. 전 세계에서 출간되는 다양한 잡지가 지속적으로 업데이트되며 책보다 더 자주 바뀐다. 이는 독자를 서점에 자꾸자꾸 오게 만드는 효과적인 수단이다.

그렇다고 마스다가 온라인 사업을 거부하는 것은 아니다. 1999년에는 온라인으로 생활 콘텐츠를 제안하는 쓰타야 온라인 서비스를, 2002년에는 택배로 집에서 VCD를 받아 볼 수 있는 온라인 대여 서비스 쓰타야 디스카스TSUTAYA DISCAS를 시작했다. 2015년 쓰타야 디스카스 회원 수는 160만 명을 넘어섰다.

마스다는 미래에는 온라인 수익이 주류가 될 가능성이 있다고 인정하지만, 오프라인 사업을 포기할 생각도 없다. "온라인으로 얻은 빅데이터, 재고 비용이 들지 않는 온라인 상점을 고객과 직접 만날 수 있는 오프라인 매장과 조합하면 경쟁사에서 갖지 못한 고객 가치를 창출할 수 있습니다."

마스다는 "매장이 가장 좋은 광고물"이라고 강조한다. 세계에서 유동 인구가 가장 많다는 도쿄 시부야 사거리에 쓰타야는 여러 층짜리 매장을 갖고 있다. 매장은 쓰타야가 어떤 곳인지 고객에게 직접 보여 준다. "매장은 어떤 광고보다 더 깊은 인상을 남기지요." 쓰타야의 미래 계획은 쓰타야를 일본 제1의 엔터테인먼트 상업 공간으로 자리매김하는 것이다.

이런 생각으로 마스다는 2003년 쓰타야 도쿄 롯폰기를 개장하면서 서점에 스타벅스를 도입하는 새로운 시도를 했다. 서점과 카페를 결합한 이 실험의 결과로 커피 매출이 상당한 수익을 올렸으며 책 매출도 같이 늘었다. 커피는 고객이 서점을 찾아오고 머물게 하는 새로운 이유가 되었다.

다이칸야마 쓰타야쇼텐도 마찬가지다. 오프라인 매장은 온라인 상점과 다른 체험을 제공할 수 있다. 그래서 마스다는 다이칸야마 티사이트 전체를 서점을 중심으로 하는 복합 상업 공간이 되게끔 설계했다.

도쿄 남서쪽 가나가와현에 있는 쇼난 티사이트는 신세대 중산층 가정을 겨냥해 '슬로라이프'를 제안한다. 도쿄 북서부 지바현 가시와노하 티사이트는 '가족적 분위기'를 중시한다. 이러한 생활 제안은 티사이트 매장 배치에 직접 구현된다.

가나가와현 쇼난 티사이트에는 2층짜리 건물 3개 동에 30여 개 점포가 들어서 있으며 쓰타야쇼텐도 테마별로 흩어져 있다. 1호관은 취미·엔터테인먼트관으로 고품격 아웃도어 전문점 노스페이스 등이 입점해 있다. 2호관은 식품·생활관으로 쌀 발효 식품을 판매하는 테마 식품점 센넨코지야, 명품 칼로 유명한 조리 도구 전문점 가마아사쇼텐이 있다. 3호관은 가족관으로 교육·완구점 보네룬드를 비롯해 요리 교실, 식당, 체험 공간, 자전거 대여점 등 다양한 매장이 있다.

지바현 가시와노하 티사이트는 2017년 3월 2일에 문을 열었다. 최초의 티사이트인 다이칸야마점과 비교하면 가시와노하점은 지역 사회에 더욱 잘 녹아들어 있다. '아이가 있는 가정의 라이프스타일' 제안에 집중한 가시와노하 티사이트에는 식품, 아동, 잡화, 스포츠, 아웃도어 등 다양한 매장이 있으며 뷰티·헤어 코너도 점

도쿄 다이칸야마 티사이트의 쓰타야쇼텐에는 서점 건물 세 동을
가로지르는 '매거진 스트리트'가 있다.

사진 = 쓰타야가전

가전제품을 테마 장면에 조화롭게 집어넣은 쓰타야가전.
다채로운 팝업 스토어까지 있다.

점 늘고 있다. 티사이트의 모습은 갈수록 최첨단 백화점을 닮아 간다.

이제 쓰타야쇼텐의 대형 매장과 복합 상업 공간 티사이트는 나란히 나아가면서, CCC가 일본 곳곳에 끊임없이 보급하는 모델이 되었다.

그러나 다른 쟁점이 있다. 마스다는 쓰타야쇼텐이든 티사이트든 '편집 능력'을 갖춰야 한다고 강조한 바 있다. 이는 바로 '좋은 물건을 골라 고객에게 추천하는' 라이프스타일 제안 능력이다. 물질적으로 풍요로운 시대에 사람들은 물건을 어떻게 골라야 할지 모른다. 그리하여 마스다는 매장에 이런 '편집 능력'을 입혀 고객이 자신에게 적합한 물건을 고르는 일을 도우려 했다. "이러한 제안 능력이 없으면 물건은 팔리지 않고 고객도 찾아오지 않을 겁니다."

이런 까닭에 다이칸야마 쓰타야쇼텐은 전문지식을 갖춘 인력을 확보하고 배치하는 데 무척 신경을 쓴다. 세 동짜리 건물의 1층은 모두 책과 잡지 공간이고, 2층은 각각 영화, 음악, 라운지 공간이며 전문 인력 30명이 각 분야에 배치되어 있다. 이들은 분야별로 도서와 제품 선정을 담당하며, '고객에게 알맞은 책을 추천'하는 것도 그들의 중요한 업무이다.

반대 의견도 있다. 재미없는 중산층을 빚어내는 이런 방식은 CCC가 도시 개발의 새로운 모델을 끊임없이 복제해 출시하는 데는 유리하지만, 지역 사회가 지녀야 할 다양성을 말살한다는 목소리다. 또한 지역 주민은 생활양식을 선택할 권리가 있으며, 지역 사회가 꼭 CCC가 구상한 모습으로 변하는 것도 아니다.

이는 쓰타야쇼텐의 목표 고객이 누구인지를 묻는 좀 더 심층적인 질문에 닿아 있다. 답을 내놓기에 앞서 일본의 스트리트패션과 라이프스타일 발전사를 살펴볼 필요가 있다. 일본 패션 트렌드는 1960년대 말까지 일원화되어 있었다. 1940년대에 태어난 전후 베이비붐 세대인 단카이團塊 세대는 1960년대에 사회에 첫발을 들인다. 그들은 물질이 풍족하지 않고 미국의 생활 방식을 동경하는 시대에 성장했지만, 1990년대가 되자 경제적으로 꽤 여유로워졌다. 거품경제 붕괴라는 불황을 겪기는 했어도 여전히 '시간과 돈이 다 있는 세대'였다. 마스다는 그 세대에 속하는 자신처럼, 그들이 여전히 문화와 오락에 높은 수요를 가지고 있다고 보았다.

그들의 자녀 세대로 1970년대 초반에 태어난 단카이 주니어 세대는 패션에서 '편집 감각'을 중시한다. 물질적 풍요를 누리며 성장한 그들은 소비에 심한 탐욕 없이 개성을 중시하는 편으로, 교내 집단 따돌림을 사회문제로 대두시킨 세대이기도 하다. 당시 젊은 층은 '적당한 개성, 그러나 결코 튀지 않는' 생존 방식에 적응해 있었다.

　물론 패션 트렌드의 발전 과정을 보면 소비자의 주관이 보다 뚜렷해지면서 다원화하는 경향이 나타난다. 그러나 쓰타야와 티사이트가 선택한 목표 고객은 바로 단카이 세대와 도시에 사는 신新중산층인 단카이 주니어 세대였다. 이들은 개성 추구를 중시하는 요즘 세대와 다르다. '고객에게 어울리는 콘텐츠를 잘 편집해서' 제공하는 것은 단카이와 단카이 주니어의 수요에 딱 들어맞는다.

　이는 쓰타야쇼텐의 도서 선정 스타일에도 직접적인 영향을 끼친다. 다이칸야마 쓰타야쇼텐에 가 보면 시장에서 만만치 않은 점유율을 보이는 하이틴 소설이나 만화는 쉽게 눈에 띄지 않고 음악, 영화, 여행, 요리, 인문·문학, 디자인·건축, 예술, 자동차 분야 도서가 공간 대부분을 차지한다. 자신이 서비스하려는 목표 고객을 조성하는 마스다의 편집 능력에서 비롯된 모습이다.

　물론 수법은 매우 교묘하다. 쓰타야쇼텐은 이미 도서관식 도서 분류를 벗어 던지고, 테마에 따라 독립 공간을 하나하나 쌓아 가는 방식으로 매장을 편집한다. 예컨대 계절 요리가 주제라면, 진열대 주변에는 주제와 관련된 요리책뿐 아니라 조리 도구와 제휴업체에서 제공

도쿄 쓰타야가전 2층에 있는 둥근 서가. 구역을 나누는 역할도 한다.

한 각종 식품까지 놓인다.

이렇게 하여 책으로부터 더 많은 소비가 파생된다. 여행서적 옆에서 여행가방 등 잡화를 팔고, 심지어 CCC 의 여행 부서가 카운터 옆에 자리 잡고 고객을 기다리기 도 한다. 생활을 판매하는 새로운 콘셉트의 가전 매장인 쓰타야가전도 마찬가지다. 카메라 관련 두서와 잡지 부 근에는 카메라 가게를, 음악·음향 관련서 코너에는 음 향 기기 상점을 함께 배치한다.

서점, 복합 상업 공간, 가전에 이어 CCC에서 추진 하는 네 번째 복제 가능 사업이 있다. 바로 도서관이다. 2013년 CCC는 일본 사가현 다케오 시립도서관을 새로 운 모습으로 탈바꿈시켰다. 그리고 지금은 다른 6개 공 공도서관 기획에 참여하고 있다.

이 4개 사업은 모두 2003년 10월 출시한 포인트카드 겸 신용카드인 T카드로 구축한 빅데이터에 기반한다. 2018년 3월 말까지 T포인트 이용자는 6,647만 명으로 일본 총 인구의 절반에 이르며, T카드는 통신사 소프트뱅크와 편의점 훼미리마트를 비롯한 182개 기업과 제휴를 맺어 82만 5000개 매장에서 사용된다. 이 광범위한 데이터베이스를 통해 CCC는 제휴업체 소비 이력까지 종합해 입체적인 소비자상像을 프로파일링할 수 있게 되었다.

특히 새로운 사업을 개척하려 할 때 T카드를 통해 축적된 데이터는 매우 중요한 역할을 한다. "데이터를 참조하면 A사 의류를 구입하는 고객이 이렇게 많다는 사실을 알아낼 수 있지요." 마스다는 A사의 소비 데이터를 T포인트 전체 데이터와 비교하여 미래의 잠재 고객을 찾는다. "어떤 기획 제안을 하면 어떤 고객을 얻을 수 있을까, 데이터는 우리에게 구체적인 방법을 알려 줍니다."

+

이 글에 나온 마스다의 의견은 CCC의 창립, 운영, 발전 과정과 미래 전략을 밝힌 대담집 『츠타야, 그 수수께끼』(베가북스)에서 인용했다.

사진=파비안 옹

디자인을 논하며
: 우리는 왜 쓰타야쇼텐을
기억하는가?

글 = 리쓰옌

1983년 마스다 무네아키가 창업한 '쓰타야'는 영화 비디오와 음반, 책과 잡지를 빌려주고 판매하는 점포였다. 이제 일본에서 이 브랜드를 모르는 사람은 없다. 영상·음반 등 엔터테인먼트 상품 대여·판매점 쓰타야, 세계에서 가장 아름다운 서점으로 손꼽히는 쓰타야쇼텐, 혁신적인 복합 상업 공간 티사이트. 쓰타야의 공간에서 만날 수 있는 편안한 시각 체계 및 디자인 체험은 이미 광범위하게 활용되고 있다.

파란색과 노란색

사토 가시와

T카드

쓰타야 도쿄 롯폰기

도쿄 시민은 파란 바탕에 노란 알파벳 'TSUTAYA'를 조합한 쓰타야 로고에 매우 친숙해져 있다. 쓰타야에서 출시한 T카드의 디자인 체계는 많은 기업 브랜드 디자인을 디렉팅한 사토 가시와가 만들었다. T카드 프로모션에 발맞추어 2003년 쓰타야 도쿄 롯폰기가 개장했고, 새로운 시각 체계를 효과적으로 전파하기 위해 롯폰기 점 간판에도 T카드 로고를 그대로 구현했다.

도쿄 미나토구 롯폰기힐스에 자리 잡은 이 콘셉트 스토어의 목표 고객은 기존 쓰타야 고객인 영화와 책을 빌리러 오는 젊은 층이 아니었다. 이 지역은 오피스빌딩, 이자카야, 바가 많아 한층 성숙한 분위기였으므로 '보다 지적이고 연령대가 있는 소비자'를 주 고객층으로 삼았다. 이는 쓰타야가 시도한 첫 번째 파격이었다.

그렇다면 매장은 어떤 식으로 설계하면 좋을까? 그 대답은 이제 그리 특별하게 들리지 않을 것이다. '카페를 두어 고객의 발걸음을 붙잡고, 고객이 '문화 속에서 생활한다'는 느낌을 갖게 한다.'

그래서 오늘날 우리는 쓰타야쇼텐에서 언제나 스타벅스를 만난다. 마스다는 서점과 카페를 결합하는 아이디어를 가장 먼저 쓰타야 롯폰기에 실현했다. 당시 카페는 모두 34석이었으며 고객은 책을 자리로 가져가 읽을 수 있었다.

커피를 마시며 서점의 책을 보는 것은 이미 흔한 일

사진 = 쓰타야 도쿄 롯폰기

서점과 카페의 조합을 최초로 도입한 쓰타야 롯폰기점.

이 되었지만, 당시에는 꽤 논란의 여지가 있었다. 이 아이디어는 원래 미국 체인서점 반스앤드노블의 것이었다. 커피 때문에 책이 팔리지 않을 것이라고 우려하는 반대 의견도 많았다. 하지만 실제 결과를 보면 커피 매출은 큰 수익을 올렸고 책 매출도 함께 증가했다. 이 실적은 서점에도 이익을 가져다주는 새로운 성장 포인트였다. 이제 수익률이 낮은 사업인 서점의 수익 구조를 바꿀 가능성이 생겨났다.

마스다는 공공연히 말해 왔다. 자신이 하려는 것은 커피 한 잔을 파는 것이 아니라 고객이 이 공간에서 천천히 음미하는 그 시간을 얻게 하는 것이라고. 바로 그런 시간에 대한 기대 때문에 고객이 이곳을 찾아올 거라고.

쓰타야는 시각적 표식에도 변화를 주었다. "일본에서 쓰타야는 인프라 같은 존재다. 그래서 나이, 성별, 국적을 불문하고 누구나 지도에서도 한눈에 알아보게 디자인하고 싶었다." 사토 가시와는 자신의 작품집에서 쓰타야 로고를 이렇게 설명했다.

사토는 쓰타야의 머리글자 'T'를 추출하고 대비가 선명한 파란색과 노란색을 써서 로고를 만들었다. 그리고 쓰타야의 책장, 비디오 반납함, 포장지, 쇼핑백, 직원 카드 등을 모두 이 디자인 체계로 통일했다.

롯폰기점은 종류별로 상품을 팔던 방식에서도 처음으로 벗어났다. 이전에는 CD, DVD, 책 등 종류별로 상품을 놓았지만, 롯폰기점에는 테마 구역이 생겨났다. 예컨대 어떤 예술가가 중심 테마라면 그와 관련된 책, CD, DVD가 모두 이 코너에 있을 수 있다. 또 매장에 소파를 들여놓고 잡지 코너도 증설했다.

건물 노후화로 롯폰기점은 리노베이션을 거쳐 2014년 3월에 재개장했는데, 10년 전 도입한 북카페식 매장 형태는 그대로 유지하고 있다.

한자로 회귀

하라 겐야

蔦屋書店

도쿄 다이칸야마에 여러 매장을 결합한 복합 공간 티사이트를 개장한 것은 마스다 무네아키의 제2차 개혁이라 말할 수 있다. 당시 이 개발 사업은 그야말로 실험적인 시도였다. 그러나 오늘날 티사이트는 이미 끊임없이 복제할 수 있는 하나의 체인이 되어 있다.

2011년 말 개장한 다이칸야마 티사이트는 50-60대 단카이 세대로 눈을 돌렸다. 제2차 세계대전 직후에 태어난 베이비붐 세대인 이들은 지금까지도 일본 인구에서 적지 않은 비중을 차지한다. 마스다는 말한다. "이들은 시간과 돈을 모두 가진 세대이며 개인 삶의 질을 높이기를 열망합니다. 나 자신도 그 일원이죠."

티사이트의 핵심 매장인 쓰타야쇼텐의 로고 디자인은 하라 겐야가 맡았다. 이번에는 쓰타야쇼텐의 한자 표기 '蔦屋書店'이 메인이 되었으며 밑에 'TSUTAYA BOOKS'가 작게 들어갔다. 컬러 선택도 흑백을 조합해 중후한 분위기를 내는 동시에 읽기 쉽고 깔끔한 느낌을 주도록 했다.

사실 '蔦屋'는 쓰타야 1호점인 오사카 히라카타의 매장 간판에 쓰였던 글자다. 오랫동안 사라져 있던 그 글자를 되돌려 놓음으로써, 쓰타야의 1세대 고객이었던

蔦屋書店

TSUTAYA BOOKS

하라 겐야가 재창조한 쓰타야의 디자인 체계.

사진 = 쓰타야쇼텐

사진 = 쓰타야가전

지금의 중장년층이 '蔦屋書店'이라는 네 글자를 보며 젊은 시절 기억도 일깨울 수 있게끔 했다.

서점 내부의 분류 표시에도 시각적 변화를 주었다. 종전에는 벽과 서가에 직접 글자를 박았지만, 다이칸야마 쓰타야쇼텐은 반투명한 입체 패널을 사용해 눈에 더 잘 띄게 했고 식별도 쉬워지도록 했다. "좋은 디자인은 장식적인 미감을 창조하면서도 결코 실용성을 무시하지 않습니다." 일본 규슈 구마모토현을 상징하는 검정 곰 캐릭터 쿠마몬을 디자인한 굿디자인컴퍼니의 CEO 미즈노 마나부가 『매거진 B』와의 인터뷰에서 한 말이다. 쓰타야쇼텐의 디자인 체계도 같은 맥락이다.

그 뒤로 가나가와현의 쇼난 티사이트와 오사카 히라카타 티사이트에 있는 쓰타야쇼텐 그리고 훗날 개척한 도서관 프로젝트의 첫 협업 상대 다케오 시립도서관에서도 다이칸야마 티사이트의 디자인 체계를 그대로 채용했다. 2015년 도쿄 세타가야구 후타코타마가와에 문을 연 쓰타야가전 로고도 하라 겐야가 디자인했다. 쓰타야쇼텐 한자 로고의 전반적인 스타일을 이어 가면서 알파벳 'Electrics'를 추가했는데, 마치 아날로그 전류가 흐르는 모습처럼 모든 글자를 한 획으로 이어 썼다.

자, 이 공간을 기억하자

KDa
다이칸야마 티사이트

클라인 다이섬 아키텍처(이하 KDa)는 재일 영국 건축가 부부 아스트리드 클라인과 마크 다이섬이 설립한 건축 사무소다. KDa와 마스다 무네아키의 협업은 다이칸야마 티사이트의 설계 공모에서 시작되어 쇼난 티사이트와 가시와노하 티사이트로 이어졌으며, 오사카에 있는 우메다 쓰타야쇼텐도 KDa의 손을 거쳤다.

티사이트 건축물에서 가장 눈에 띄는 부분은 바로 알파벳 'T'로 뒤덮인 외벽이다. '蔦屋'는 '담쟁이덩굴로 뒤덮인 집'이라는 뜻이며, 알파벳 'T'로 만든 패턴을 가득 채운 다이칸야마 티사이트 외벽은 담쟁이덩굴로 가득한 벽을 형상화한 것이다. 이 패턴은 전체 티사이트 건축물의 핵심 디자인이 되었다. 다만 쇼난 티사이트는 부지 주변에 초록 식물이 부족했기에 T 패턴 대신 입체적인 흰색 담쟁이 잎 모양을 외벽에 넣었다.

다이칸야마 티사이트는 50-60대 고객일수록 편안하고 여유로운 공간을 원한다는 사실에 착안해 설계되었다. 쓰타야쇼텐의 매장 구조는 주로 폐쇄형이었으나 KDa는 외벽을 유리창으로 만들어 햇빛이 잘 들어오도록 하고 창가에 소파를 배치했다.

2015년 말 다이칸야마 쓰타야쇼텐의 하루 이용객

수는 1만 명을 넘어섰지만 여전히 고객은 개인 공간을 넉넉하게 차지할 수 있다. 음악 코너에는 개인이 혼자 음악을 들어 볼 수 있는 공간이 있고, 도서 코너도 비슷하게 디자인되었다. 다이칸야마와 쇼난 티사이트 쓰타야쇼텐의 널찍한 2층 라운지에는 낮은 소파가 놓여 있다. 층을 넘나들며 책을 읽을 수 있는 것은 물론이고 다른 동으로 책을 갖고 넘어가도 상관없다.

"소비 데이터를 보면, 고객은 자신이 잠시라도 앉아서 체험했던 제품을 사는 경향이 더 강합니다. 또 길 가는 사람들에게 편안한 독서 환경을 똑똑히 내보이는 것은 고객을 끌어들이는 가장 직접적이고 효과적인 방식이죠." 클라인과 다이섬은 언론 인터뷰에서 다이칸야마 쓰타야쇼텐의 설계 방향을 이렇게 설명했다.

조명도 달라졌다. 기존 쓰타야쇼텐에서 일반적으로 쓰던 천장 전등 대신 펜던트 조명을 써서 부드럽고 아늑한 환경을 조성하고, 층고도 기존 쓰타야보다 낮게 했다. 마치 집에서 책을 읽는 것처럼 편안한 분위기다. "이런 환경은 고객에게 친밀감을 주고, 더 오래 머물고 싶게 만듭니다."

그러나 '편안'을 추구한다고 해서 커피와 잡화 비중이 책을 넘어서며 본말을 전도하지는 않는다. KDa는 책

사진 = 쓰타야쇼텐

KDa는 다이칸야마 티사이트의 쓰타야쇼텐 건물의 외관과 조명 환경을 디자인했다.

사진 = 쓰타야쇼텐

을 핵심으로 삼았다. 전체 면적을 보면 잡화를 함께 넣은 테마 구역이 그리 크지 않다. 또 쓰타야에서 직영하는 라운지 안진의 좌석은 120석, 1층 스타벅스의 좌석은 40석으로 일일 이용객 수에 비해 많은 편이 아니다. 서점이 커피와 잡화에 주인 자리를 빼앗기는 일은 결코 없다.

"매장이 고객에게 전하는 친밀감은 중립적이어야 합니다. 그래야 소비자가 주위 환경에 지나친 방해를 받지 않고 '콘텐츠'에 주의를 기울일 수 있습니다."

페이지원
: 서점을 소매업으로만 보지 말자

글 = 가오하이보 + 사진 = 린수

인터뷰이 = 류강
페이지원 사장. 신문·잡지·도서
출판을 거쳐 이제 '독자에게 직접
서비스를 제공한다.'
/ 베이징

서점 페이지원에서 새로운 주인을 맞았다.

2017년 8월, 상장기업 신징뎬新經典에서 페이지원의 중화권 브랜드 및 모든 서점 업무를 인수했다. 이는 원래 싱가포르에서 온 페이지원이 중국 기업으로 변했다는 뜻이다.

이로써 신징뎬은 브랜드 파워가 강력한 채널을 보유하게 되었다. 신징뎬에서 보기에 페이지원은 서점과 문화 공간이라는 이중 속성을 지닌 채널이다. 페이지원 사장 류강은 새로운 페이지원을 '공공 문화 브랜드'로 만들어 콘텐츠뿐 아니라 전시, 강좌, 유료 지식 서비스 등을 제공할 것이라고 밝혔다.

류강의 기획에서 서점은 페이지원의 일부 업무일 뿐이다. 페이지원은 도서관, 카페, 소규모 전시관, 오프라인 강좌 등으로 영역을 넓혀 문화 공간 역할을 담당하게 될 것이다.

하지만 실현은 쉽지 않다. 기존 페이지원의 디자인을 깨고, 매장을 리뉴얼하고, 이벤트와 독서 공간을 확장하고……. 류강은 새로운 페이지원이 '느린' 기업이 될 것으로 내다보고 있다.

페이지원은 '공공 문화 브랜드'로 재탄생하려 한다.

페이지원 4개 지점이 모두 베이징에 있는데,
신징뎬에서 인수한 뒤로 확장 계획이 있습니까?

청두에도 지점이 있었는데 인수 직후에 폐점했습니다. 올해 가장 중요한 목표는 새로운 발전 방향을 정립해 나가는 것이라 매장을 늘릴 계획은 없어요. 우리는 한 도시에 있는 여러 지점을 각각 다른 모습으로 선보이려 합니다. 랜드마크 지점, 도심 지점, 커뮤니티 지점이라는 세 가지 유형인데, 서둘러 복제·확장해 나가지는 않을 겁니다. 예컨대 베이징팡뎬은 랜드마크 지점이며 면적은 3,000제곱미터죠. 싼리툰점 같은 도심 지점은 1,500제곱미터의 중간 규모 매장이고요. 커뮤니티 지점은 500−700제곱미터로 지역 사회의 특색과 인적 구성에 따라 제품과 이벤트 기획에 변화를 주려 합니다. 같은 커뮤니티 지점이라도 궈마오상청점과 인디고몰점은 확연히 다를 겁니다.

표준화된 모습을 갖추어 체인화할 생각은 없나요?

우리는 서점을 소매점으로 보지 않고 종합 문화 공간으로 봅니다. 이는 종이 콘텐츠의 기초 위에 문화·교양 강좌 같은 더 많은 콘텐츠를 보충할 필요가 있다는 뜻이죠. 베이징팡점을 예로 들면, 서점과 지역 사회 도서관이 함께 있어 지역성이 강화되었지요. 베이징팡점 근처의 베이징 전통 뒷골목인 후퉁胡同에 작은 공간도 따로 마련해 훗날 저자들에게 상주 공간을 제공할 계획입니다. 공간 운영은 무지MUJI 호텔에서 맡기로 했고요. 소란스러운 도시 한가운데 이런 조용하고 편안한 환경을 마련하면 저자는 서점을 작업실로 이용하면서 독자와 교류하고 소규모 수업도 열 수 있게 됩니다.

신징뎬은 분명 출판사인데, 왜 서점을 인수했죠?

거시적으로 보면, 출판사에서 서점을 인수하면 보다 확실한 판매 데이터를 얻을 수 있지요. 우리가 펴낸 도서의 재고·판매량·회전 상태가 어떤지 더 명확히 알 수 있어요. 하지만 이런 것은 페이지원을 인수한 주 목적이 아닙니다. 신징덴 정도의 출판사라면 사실 이러한 데이터는 충분히 입수할 수 있으니까요. 또 다른 장점은 서점을 보유하면 출판사와 저자의 근무 환경 모두 확실히 더 좋아집니다. 페이지원 인수는 신징덴이 단지 채널 하나를 확보했다는 의미가 아닙니다. 페이지원에서 신징덴의 책을 앞세우는 일도 없을 거고요. 페이지원은 새로운 공공 문화 브랜드로 재탄생할 것이고, 신징덴이라는 출판 브랜드와 함께 신징덴그룹의 일부가 될 겁니다.

　　페이지원을 '공공 문화 브랜드'로 정의했는데요, 원래의 페이지원과는 어떻게 달라졌나요?

사실 서점은 소매업입니다. 소매업은 결코 간단한 사업이 아닙니다. 공급망 문제도 있고 기술적으로 해결해야 할 부분도 많아요. 그러나 우리는 콘텐츠 생산자 출신이라 서점을 달리 생각할 수 있죠. 우리는 페이지원을 소매점으로 보지 않고 문화 공간에 가깝게 봅니다. 서점업이 오늘날까지 발전해 오면서 문화 공간의 기능은 이미 증명되었고, 우리가 할 일은 이런 기초 위에서 보다 새로운 탐색을 더하는 것입니다.

팡쒀, 시시푸 등 많은 서점이 변신하고 있습니다. 문구와 잡화를 늘리고 휴식 공간도 넓혀 평당영업액을 높이고 있어요. 페이지원의 문화 공간은 다른 서점의 공간과 어떤 차이가 있을까요?

많은 점이 다릅니다. 먼저 공간 사용을 보면, 우리는 카페와 이벤트 구역의 면적을 늘려서 여백이 많은 공간으로 만들 겁니다. 무엇보다 우리는 책에 가장 큰 가치를 둡니다. 책이 대표 콘텐츠로 선두에 배치되지, 매장이 온갖 품목으로 뒤덮이는 일은 없을 겁니다.

이벤트 방면을 보면, 다른 서점은 무료 활동 위주이고 신간 발표회도 많이 열어 도서 판매와 직접 연결시키지요. 그렇지만 우리는 신간 발표회도 무료 행사도 열 계획이 없어요. 페이지원의 이벤트는 지식을 나누는 수업과 같이 더 고급화될 겁니다. 그렇게 도서 수입 외에 이벤트 수입도 창출하려 합니다.

또 대다수 서점에서는 일본 문구·팬시 위주로 제품을 구성합니다. 우리는 중국 오리지널 브랜드를 앞세워 차별화를 꾀할 겁니다. 식물을 예로 들 수 있죠. 식물은 생활을 더욱 아름답게 만들려는 수요에 딱 들어맞습니다. 멋진 화분 하나를 집 안에 들여 보세요, 실패가 없어요.

페이지원은 매장을 리뉴얼해 고객이 책을 읽을 수 있는 공간과
이벤트 공간을 확장했다.

페이지원이 이런 경로를 가려는 것은 바로 신징뎬에서
인수한 것이 어느 정도 원인이 되겠지요?

이렇게 말할 수 있겠군요. 페이지원 인수에는 두 가지
중요한 전제가 있습니다. 먼저 신징뎬은 콘텐츠 생산자
출신이라 콘텐츠를 제대로 이해합니다. 이 덕분에 우리
는 콘텐츠를 탐구하는 길에 더 가까이 갈 수 있죠. 또 하
나, 페이지원은 출판사의 콘텐츠 자원으로부터 더 많은
것을 지원받을 수 있습니다. 그 자원이란 책만이 아닙니
다. 저자라는 자원입니다. 서점은 출판사를 통해 저자와
더 가까워지고 이벤트를 열기도 수월해지겠죠. 결국 독
자와도 더 가까워지고요.

이벤트 공간은 어떻게 활용할 계획인가요?

예를 들면, 우리는 온라인 플랫폼 즈후知乎와 인터넷 유명 인사의 오프라인 강좌 개설 문제를 논의하고 있습니다. 독립 예술가 쉬빙 선생과도 관객과 더 많이 상호 작용할 수 있는 전시에 대해 이야기하는 중이고요. 어쨌든 우리에게는 보다 폭넓은 콘텐츠 구현 능력이 있기에 콘텐츠로 문화 이슈를 만들어 낼 수 있지요. 제 머릿속을 떠나지 않는 질문이 있어요. 독자는 왜 서점에 올까요? 책을 읽으려고? 호기심 때문에? 우리는 공간 디자인을 통해, 제품 선택을 통해 이 질문에 답을 내놓았죠. 그런데 또 다른 질문이 있어요. 독자는 왜 다시 올까요? 저는 콘텐츠 때문이라고 생각합니다. 우리는 독자에게 한층 풍부한 면대면 콘텐츠를 제공해야 합니다.

신징뎬에서 인수한 뒤에 페이지원에 나타난 가장 큰 변화는 무엇일까요?

아까 이념적인 변화를 얘기했는데, 이번에는 작은 부분을 하나 말씀드리죠. 이전의 페이지원은 독자가 책을 사서 떠나길 바랐어요. 싼리툰점에 오랜 단골인 여성 고객이 계세요. 그분은 늘 바닥에 앉아서 책을 읽다가 서점 직원이 지나가면 자리에서 일어났대요. 직원이 주의를 주니까요. 그러나 이제는 직원이 방석을 갖다 드리죠. 더 편안히 책을 보시라고요. 이 부분이 가장 큰 변화입니다. 원래 있던 직원들의 인식과 태도를 완전히 바꾼 거죠. 우리는 독자가 더 나은 독서 체험을 하길 바랍니다. 책마다 견본 도서를 마련해 도서관 기능도 조금은 하고 있다고 말할 수 있어요. 지금도 계산하지 않은 책을 내부 카페에 가져가 읽을 수 있습니다. 사든 안 사든 상관없어요.

지금 경영 상황은 어떻습니까? 이상적인 수입 구조는 어떤 비율일까요?

지금 몇몇 지점은 적자 상태이지만 아직까지는 내부 조정 단계입니다. 베이징팡점은 아직 여러 구역을 리뉴얼하고 있어서 정상적으로 영업하고 있는 상황이 아니고요, 2018년 8월에 전체 매장 리뉴얼이 완성됩니다. 현재 수입 구조를 보면 60퍼센트 이상이 도서에서 비롯되고, 나머지는 문구·잡화와 커피 매출입니다. 이상적인 구조는 이벤트 공간에서 나오는 수입이 늘어 도서 비중이 50퍼센트 이하로 낮아지는 겁니다.

텐위안청스

: 출판사가 연 작은 서점

글 = 쑨수웨이 + 사진 = 파비안 옹

인터뷰이 = 천빙썬
텐위안청스 문화사업유한공사
사장 겸 설립자.
/ 타이베이

타이완의 독특한 서점 이야기를 꺼내면, 많은 사람이 톈위안청스田園城市('전원도시'라는 뜻)를 언급한다. 톈위안청스는 출판사이자 생활미학 서점이며 전시 공간이기도 하다. 톈위안청스 문화사업유한공사田園城市文化事業有限公司 사장이자 설립자인 천빙썬을 인터뷰하면서 출판사와 서점에 대한 그의 생각을 들어 보았다.

출판사를 시작한 지 10년 만에 서점을 연 계기는 뭔가요?

일단 출판사 사무실의 임대차 계약이 만료되었습니다. 그 무렵 출판사와 유통업체의 협력 관계도 많이 느슨해진 상황이라 우리는 다양한 가능성을 모색해야 했지요. 또 우리만의 생각대로 도서를 진열할 공간도 갖고 싶었어요. 그래서 전시와 서점 그리고 편집부까지 함께할 수 있는 장소를 구한 거죠.

톈위안청스에서 펴내는 도서는 주로 건축과 디자인, 사진 촬영 관련 도서입니다. 이런 분야를 선택한 이유는요?

제가 출판사를 시작할 때는 이런 분야를 다루는 책이 많지 않았고 다루기도 어려운 편이었어요. 그렇지만 시장

성은 더 높았죠. 다른 한편으로는 책을 즐기다 보니 미학도 추구하게 되었는데, 미적 감각을 펼칠 수 있는 책이 주로 그래픽이 있는 시각예술 도서였어요. 디자인 미학에는 보편적인 교육성이 있어야 합니다. 또 디자인을 공부하는 사람이 보는 책에는 편집과 인쇄, 질감과 장정 등을 통해 디자인 미감도 표현되어야 하고요.

어떻게 편집부와 서점을 같이 둘 생각을 했습니까?
편집부와 서점이 함께 있으면 현장감이 느껴집니다. 독자와 저자도 출판 과정 속으로 끌어들일 수 있으니까요. 저자가 독특한 아이디어를 제공하면 우리는 그에 상응하는 소재를 바로 저자에게 제공해 참고하게 할 수 있죠. 출판 기획이란 뜬구름 같은 환상이 아닙니다. 저자 스스로도 자신이 가진 콘텐츠를 어떻게 구현하고 출판해야 할지 모를 때 우리는 서점과 전시 공간을 통해 그 콘텐츠를 드러내기에 알맞은 방식, 어울리는 종이와 판형, 제본 방식을 찾아냅니다. 또 전시 공간을 활용해 저자의 생각과 책의 콘셉트를 독자에게 직접 알리고 더 잘 표현해 낼 수 있죠. 책의 미래상을 예견할 수 있는 가능성을 제공한다고 할까요. 이러한 상호 작용 덕분에 저자 및 독자와의 교류가 활발해지고 책 만드는 과정도 한결 수월해졌습니다.

전통적인 출판 형식과 비교할 때 독립출판은 어떤

장단점이 있나요?

전통 출판의 주요 형식은 두 가지입니다. 하나는 번역서이고, 다른 하나는 국내 저자가 직접 써낸 책이지요. 책을 펴내는 일은 시간이 많이 걸립니다. 하지만 번역서는 비교적 빨리 낼 수 있고, 참고할 만한 입소문도 나 있죠. 국내 저작물은 위험을 좀 감수해야 해서 출판사에서 주력 상품으로 삼으려 하지 않는 편입니다. 그런데 국내 저작물이나 번역물 모두 유통 문제가 뒤따릅니다.

오프라인 서점이든 온라인 서점이든 일반 유통 채널에 제공하는 할인율과 그에 따른 출판사의 이익률은 거의 같습니다. 따라서 과도한 제작비를 들일 수 없고, 종이·제본 방식·디자인 등에 제약이 따를 수밖에 없지요. 전통 출판에서 중시하는 부분은 출판 방식의 장단점이 아니라 실질적인 이윤입니다.

독립출판은 좀 다릅니다. 독립출판물은 상대적으로 제작비가 높은 편이고 출판 과정이 보다 실험적이지만, 소량만 제작해서 원가 부담이 그리 크지 않아요. 전통 출판이 대형 유통 채널과 주로 거래한다면, 독립출판 도서의 유통 채널은 독립서점이 되는 경우가 많죠. 서점이 아닌 다른 판매 공간과 제휴하기도 하고, 자체 네트워크를 통해 판매하기도 합니다. 독립출판은 예술이나 창작에 치중해 콘텐츠를 선택하고 발행 부수가 적어 정가가 좀 높게 책정되는 편이지만, 그만큼 소비자의 구매 지향성이 강하죠. 덮어놓고 책값만 비교해서 구매하는 것이 아니기 때문에 역시 이유 포인트가 있어요. 그러니까 전통 출판과 독립출판 방식 모두 나름의 장단점이 있다고 봅니다.

텐위안청스는 히트작이나 베스트셀러보다 소수 취향에 맞춘 도서를 지향하는 것 같아요. 서점 매출에는 어떤 영향을 줍니까?

베스트셀러는 어느 서점에 가도 볼 수 있으니까요. 베스트셀러를 사는 독자가 중요하게 보는 것은 가격과 효율성입니다. 베스트셀러도 결국 다른 출판사의 출판물이니, 우리 서점의 이윤을 고려해야 합니다. 우리가 베스트셀러를 판다고 해도 판매량이 얼마나 될까요.

베스트셀러의 종류는 굉장히 많습니다. 그에 상응해 독자도 갈라져 있고요. 따라서 정확한 목표 독자를 설정하기란 굉장히 어려운 일이죠. 베스트셀러의 목표 독자는 우리의 진정한 목표 독자와 다를 때가 많아요. 우리의 진정한 독자를 붙잡아 두는 것, 이게 가장 중요한 일인데 말입니다. 텐위안청스는 대형 서점이나 종합 서점이 아니기 때문에 우리의 매력이 무엇인지, 우리의 문화가 어떤 건지 분명히 파악해야 합니다. 독자가 텐위안청스에 오는 목적이 뭘까요? 베스트셀러를 싸게 사러 오는 걸까요, 아니면 텐위안청스에서 선별한, 다른 서점에는 없는 책을 사러 오는 걸까요?

텐위안청스 서점의 목표 독자는 누구인가요?

텐위안청스를 찾는 독자층에 변화가 있나요?

네, 변화가 있습니다. 처음에는 주로 전문서적을 보러 오는 독자였는데 각 전문 분야 독자로 서서히 확대되었고, 이제 생활의 미학을 추구하는 독자도 찾아오죠. 사실 나이와 전문 영역에 상관없이 모든 사람이 이해하고 발을 들일 수 있는 분야가 생활미학입니다. 일찍부터 텐위안청스를 찾던 독자든 새로운 젊은 세대 독자든, 이 작은 공간에서 서로가 읽는 책의 범위에 영향을 줄 수 있어요. 텐위안청스는 어떤 목표 독자를 포기하고 새로운 목표 독자를 찾아 전향하는 것이 아니라 신·구 독자를 서로 연계한다고 할 수 있습니다.

> 텐위안청스에서 매달 열리는 전시 테마는 어떻게 선택하나요? 또 체험 활동이나 좌담회 주제는 어떻게 정하는지요?

신선하고 창의적이면 됩니다. 꼭 유명해야 할 필요도 없고, 생활미학에 치우칠 필요도 없어요. 우리가 원하는 것은 보다 친근하고 아무 문턱도 없는 주제입니다. 공방이나 작업실 같은 곳에서도 다들 문을 열고 나와 참여해 주면 참 좋겠습니다. 전문성이 강한 분야가 많이 있는데, 예컨대 도자기를 만드는 분은 대부분 자신의 작업실이나 강의실에서 시간을 보내지요. 우리는 공간을, 일종의 경로를 제공하려는 겁니다. 전문가와 이런 일에 관심 있는 사람을 이어 주는 거죠.

> 책 추천 방식이 아주 재미나요. 이런 '추천의 말'은 누가 작성하나요? 왜 이런 방식을 설정했지요?

다 함께 토론을 거쳐 정합니다. 사실 우리는 책 읽는 일을 가볍게 바꿔 보고 싶어요. 우리의 추천의 말을 통해 독자가 자신의 전문 분야가 아닌 책을 접할 기회가 조금이라도 더 생기기를 바라는 거죠. 분야와 세대를 가리지 않고 독자에게 뭔가 다른 것, 좀 더 많은 것을 맛보게 할 가능성을 추구하려 합니다.

지금까지 겪은 가장 큰 위기를 꼽자면요?

천재와 인재 모두 겪었습니다. 천재는 태풍 때 책을 보관하던 지하 창고가 물에 잠긴 일, 인재는 도매상이 파산해 대금 지급이 지연된 일을 들 수 있겠군요. 출판 환경의 영향도 있죠. 저는 출판사마다 각자 특별히 잘하는 분야와 나름의 문화가 있어야 한다고 생각합니다. 그런데 지금은 다들 뭐든지 출판하는 종합 출판사가 되어 서로 따라잡고 경쟁하고 있어요.

요즘에는 출판 문턱이 낮아져 자금만 있으면 곧바로 출판사를 설립해 책을 펴낼 수 있게 됐습니다. 책 출판 과정이 더 간단해지면서 나오는 책 종수도 전보다 훨씬 늘었고, 독자의 눈에 띄지도 못한 채 출판사로 반품되는 책도 많아졌죠. 시장은 제한되어 있는데 출판사마다 똑같은 일을 하고 있으면 이윤도 박해질 수밖에요. 독자 입장에서는 정보를 얻는 경로가 책 말고도 수두룩

작은 골목에 문을 연 이 서점 겸 전시 공간은 개성 있는
책 선정과 기획으로 독자를 끌어들인다.

해요. 그뿐인가요, 종이책뿐 아니라 휴대폰, 컴퓨터, 전자책으로도 책에서 다루는 내용을 접할 수 있죠. 이러한 읽기 방식이 독자가 읽는 시간에서 많은 부분을 차지하게 됐어요.

눈앞에 펼쳐진 출판업과 서점업 환경에 어떤 기대를 걸고 있지요? 뭔가 변화를 시도하고 있나요?

그냥 천천히 우리의 속도와 취향대로 해 나가려고 합니다. 전체 출판업을 장악하기란 사실 대단히 어렵고, 개인이 통제할 수 없는 문제가 많습니다. 물론 시대가 달라짐에 따라 일부 메커니즘은 도태될 것이고 환경 흐름도 좀 바뀌겠지요. 사실 다들 열심히 하고 있어요. 왜 그렇게 책을 서둘러 만드느냐면, 걱정 때문이에요. 서점에 우리 출판사 책이 깔리지 못할까 봐 서둘러 출판하는 겁니다. 하지만 이런 방식이 시간, 인력, 돈을 낭비할지, 아니면 출판사의 발전에 어느 정도 역할을 할지는 두고 봐야 알겠죠.

지금의 출판 환경은 제가 보기에 매우 혼란스러운 시점입니다. 구체적인 맥락을 파악하기 힘들어요. 서점의 공간 활용 면에서 새로운 양상이 보입니다만, 특색 없는 공간, 그저 하나의 껍데기가 되어 뭔가를 담는 데에 그친다면 역시 낭비겠죠. 중국도 타이완과 똑같은 상황 아닌가요? 오래된 서점은 시대를 따라가지 못해 도태되고, 새로운 서점이 점점 많아지고 공간도 더 호화로워지고요. 그런데 책은요? 책은 어떤가요? 이 문제를 깊이 따져 봐야 합니다. 오늘날 타이완의 출판사를 보면, 출판 일을 하고 싶어 하는 많은 젊은이의 열정을 너무 일찍 소모시켜 버립니다. 책은 본래 대단히 재미있는 물건이잖아요. 그런데 왜 실제로 다뤄 보면 그렇게 지루할까요? 많은 출판사가 대단히 보수적입니다. 우리가 뭔가 시도하면 그제야 따라 하더군요. 그래서 한동안 뭔가를 하고 나면 우리는 그 현장을 벗어나 또 새로운 시도를 하러 떠납니다.

텐위안청스의 미래는 어떤 모습일까요? 단기 계획이 있다면요?

일단 출간 계획을 세우고 서점에서 전시회를 열어야죠. 일본, 한국 등의 외국 작가와 합작하는 활동도 펼쳐 나갈 계획입니다. 이 시대에 서점을 경영하면서 가장 중요한 점은 역시 사람의 태도와 경영이념 아닐까요. 그래서 많은 사람이 체인점을 제안해 와도 쉽게 흔들리지 않았습니다.

이상적인 서점은 어떤 모습입니까?

물론 책이 핵심이 된 서점입니다. 참으로 안타깝게도 이제 많은 서점에서 책은 장식품이 되고 말았어요. 커피나 온갖 물건이 서점의 주체가 되어 있지요. 제 이상과 완전히 다른 모습입니다. 저는 서로 다른 분야의 저자가 교류할 수 있는 플랫폼을 제공하고 싶고, 책이 완성되기 전에 책의 내용과 형식이 구현할 여러 가능성을 탐구하고 싶습니다. 이런 모습이 바로 제가 생각하는 자유롭고 창의적이며 다양성과 미래성이 있는 이상적인 서점 공간입니다.

해외로 시선을 넓혀 볼 때 가장 좋아하는 서점은 어디입니까? 어떤 서점에 매료되었나요?

지금 일본 서점에 기대가 큽니다. 몇몇 오래된 서점은 경영자의 인맥이나 서점의 구조적 문제, 책 선정 문제 등으로 인해 자연히 도태되고 있지만, 일본 젊은 세대는 매우 창의적이에요. 타이틀Title이나 리딩라이팅Readin' Writin' 같은 작은 서점을 보면 아이디어와 개성이 넘치고 집중하는 부분도 저마다 다르더군요. 매우 긍정적으로 느껴졌어요. 그런데 타이완에서는 실행하기가 좀 어려워요. 타이완의 책은 소재나 방향이 너무 적어서 서점이 다 똑같아요. 소비자 입장에서 보면 어디 가서 책을 사나 똑같은 거죠. 대형 서점은 백화점 등을 통해 돈을 벌 수 있어요. 하지만 작은 서점은 역할을 무엇으로 잡고 어떻게 발전시켜 나갈 것인가를 고민해야 합니다.

텐위안청스 성훠펑거수뎬(田園城市生活風格書店)

주소   臺北市 中山北路 二段 72巷 6號

영업시간   일–수요일 10:00–19:00, 목–토요일 10:00–20:00

전화   +886 2 2531 9081

리딩라이팅(Readin' Writin')

주소   東京都 台東區 壽 2-4-7

영업시간   12:00–18:00

휴무일   매주 월요일

전화   +81 3 6321 7798

타이틀(Title)

주소   東京都 杉並區 桃井 1-5-2

영업시간   12:00–21:00

휴무일   매주 수요일, 매월 셋째주 화요일

전화   +81 3 6884 2894

백화점을 서점에 들여놓는 것은 잘못된 생각 같다.
서점은 자기만의 핵심 가치를 지녀야 한다.
한 명의 독자라도 그걸 보고 찾아오게 하는 가치 말이다.

Q3

차세대 서점에는 어떤
새로운 아이디어가 있을까?

서점을 빌린 '만물상점'의 꿈

'아마존 오프라인 서점' 체험 보고서

글 = 리룽후이
『제일재경주간』 실리콘밸리 특파원.
기술·비즈니스·라이프스타일 전문 기자
/ 실리콘밸리

+ 사진 = 캐시 웨

입지
+ 뉴욕, 시카고, 실리콘밸리 등 인구 밀집 지역
상품
+ 책, 전자제품, 기타 잡화
책 선정
+ 데이터와 알고리즘
진열 방식
+ 책과 전자제품 판매 공간 구분, 독서 공간
+ 독자 평점 4점 이상의 도서를 선정
+ 책 표지가 소비자를 향하도록 진열
+ 온라인 독자 서평을 뽑아 전시
+ 데이터에 근거해 세밀하게 분류
+ 알고리즘이 '독자가 좋아할 만한 책'을 추천
결제 방식
+ 아마존 온라인으로 실시간 가격 조회
+ 아마존 프라임 회원에게 혜택 제공
+ 온라인, 오프라인 결제 동시 지원
운영 목적
+ 신규 가입자 획득
+ 기존 가입자로부터 새로운 데이터 획득
+ 사용자상(像) 보완
+ 온라인 광고 수입 획득

아마존의 실리콘밸리 1호점은 새너제이의 고급 쇼핑가 산타나 로에 있다. 주위에는 테슬라의 전기자동차 매장과 젊은 층에게 사랑받는 브랜드 케이트스페이드뉴욕이 있다. 서점만 놓고 보면, 뉴욕 5번가에 플래그십 스토어를 개장한 반스앤드노블 말고는 상업부동산 개발업자로부터 이런 자리를 얻을 수 있는 서점이 없을 것이다. 그러나 오늘날 산타나 로의 아마존 서점은 단순히 서점으로만 정의될 장소가 아니다.

산타나 로에 있는 아마존 오프라인 서점을 살펴보면, 핵심 상품은 책이다. 여느 서점의 분류 기준과 마찬가지로 소설, 경제경영, 스포츠, 식품, 어린이책 등으로 나뉘어 진열되어 있다. 그러나 일반 서점과 크게 다른

점이 있다. 아마존 서점에서 책을 선정하고 진열하는 역할을 맡은 이는 데이터와 알고리즘이다.

데이터는 먼저 소비자가 이곳에서 어떤 책을 접하게 될지 결정한다. 아마존닷컴에서 평점 4점 이상(5점이 만점)을 획득한 책만이 아마존 오프라인 서점에 들어올 수 있다. 모든 책은 책등이 아닌 표지가 보이도록 진열되며, 책 아래쪽에는 무작위로 뽑은 아마존 독자의 평가와 아마존에서 얻은 종합 평점을 인쇄한 종이가 붙어 있다. 일반 서점이나 독립서점에서도 이와 비슷한 정보 카드를 볼 수 있지만 그 카드는 대개 서점 직원이 쓴 것이다.

다음으로, 데이터는 소비자에게 이 책들을 보여 주는 방식을 결정한다. 소설이나 경제경영 같은 일반적인 서가 배치에 더해, 아마존 오프라인 서점은 아마존 온라인의 데이터를 바탕으로 보다 세밀하게 분류된다. 예를 들면 '아마존닷컴에서 독자 리뷰가 1만 개가 넘는 책', '샌프란시스코에서 가장 많이 팔린 소설' 등이다.

알고리즘이 큐레이션한 서가도 있다. "If you like……"(~을 좋아하신다면)→"You will love……"(~도 좋아하실 겁니다)라는 표시가 붙은 이 서가는 아마 대부분 소비자가 아마존 서점에 와서 가장 '시험'해 보고 싶어 하는 곳이리라. 간단히 예를 들면, "If you like……" 서가에서 실리콘밸리 투자가 피터 틸의 『제로 투 원』을 보았다면, "You will love……" 서가에서는 창업 투자에 관한

아마존의 알고리즘 추천은 오프라인 서점까지 진출했다.

또 다른 베스트셀러를 만나게 될 것이다. 실리콘밸리의 또 다른 유명 벤처 투자가 벤 호로위츠의 『하드씽』 같은 책 말이다.

책은 단지 이곳에서 파는 한 가지 품목일 뿐이다. 아마존 서점은 이미 서점의 기준으로 판단하고 평가할 수 없게 되었으니, 매장에 있는 비도서 상품 때문이다.

독립서점과 체인서점에서도 다들 문구, 카드, 장난감, 에코백 같은 비도서 상품을 판매한다. 반스앤드노블은 스타벅스와 독점 제휴를 맺고 서점 안에 독립된 카페를 열었다. 아마존 서점도 이들과 마찬가지로 비도서 상품을 판매하는데, 서가 외의 가장 큰 황금 공간을 아마존 전자제품이 차지하고 있다. 2015년 12월 아마존 플래그십 스토어의 영업 상황을 본 『뉴욕타임스』 기자는 아마존 서점을 사실상 '전자제품 매장'이라고 평가했다.

산타나 로에 있는 실리콘밸리 지점이든, 시애틀 대학가에 있는 플래그십 스토어든 아마존 오프라인 서점의 상품 진열 원칙은 다음과 같다. 입구와 왼쪽에는 책을, 오른쪽과 중앙에는 아마존 전자제품과 다른 인기 상품을 배치한다. 전자제품은 인공지능 스피커 아마존 에코Amazon Echo와 킨들 제품 위주로 구성되며 매장 한가운데 있는 계산대를 향한다. 아마존의 음성인식 인공지능 도우미 알렉사가 지원하는 다른 전자제품이나 보스의 헤드폰 같은 인기 제품도 있으며, 때로는 킨들이 책꽂이에 진열되기도 한다. 시애틀 플래그십 스토어와 산타나 로 지점에는 다른 잡화 상품, 예를 들면 '아마존닷컴에서 평점 4.5 이상을 받은 유행 장난감' 같은 카테고리도 눈에 띈다.

시애틀 플래그십 스토어에는 왼쪽 서가 옆 창가에 널찍한 나무 계단이 있어 많은 독자가 이곳에 앉아 책을 읽는다. 산타나 로 지점에는 이렇게 넓은 공간이 없고 왼쪽 창가에 소파가 놓여 있을 뿐이다. 어떤 독자는 SNS에 "아마존 오프라인 서점의 와이파이 속도만큼은 아주 빠르더군"이라고 조소의 글을 올리기도 했다.

서점의 기준에서 말한다면, 아마존도 데이터와 알고리즘을 이용한 책 진열에 더해 일반 서점처럼 이용자를 붙잡아 두는 공간 활용법을 알고 싶을 것이다. 그런데 독립서점은 저마다 독특한 브랜드 스토리나 분위기를 지니고 있어 아마존에서 이를 복제하기란 불가능해 보인다. 아마존 서점은 창고와 물류 문제를 체인서점과 같은 방식으로 해결했고, 빠른 규모화를 이루었다. 차별화가 덜 된 체인서점 반스앤드노블이 아마존 쇼크를 크게 입은 이유다.

서점 경영 컨설턴트 도나 파즈 코프먼은 이렇게 생각한다. 아마존에서 인기 있는 책이 뭔지 궁금한 소비자는 아마존 웹사이트를 둘러보고 주문하면 된다. 하지만 독립서점을 선호하거나 정말로 책 읽기를 좋아하는 소비자는 특별한 분위기가 있는 서점에 가서 직원이 어떤 책을 추천했는지 보고 싶어 한다. 이들은 동네 서점을 기꺼이 지지한다.

서점 운영 면에서도 약점이 보인다. 베스트셀러 『생각하지 않는 사람들』을 쓴 정보기술 분야의 권위자 니콜라스 카는 아마존 서점을 연구·분석하고 "아마존은 오프라인 매장 운영 경험이 부족하다. 소프트웨어와 데이터 처리 능력은 의심할 바 없이 매우 훌륭하지만, 인적 교류 능력은 또 다른 문제"라고 지적했다. 아마존 서점에도 책을 진열하고 소비자에게 어떤 도움이 필요한지 물어보는 직원이 있기는 하지만, 데이터로 모든 것을 결정하는 방식은 어느새 인적 교류의 필요성을 없애 버렸다. 우리는 아마존 오프라인 서점 직원이 독립서점 직원처럼 책을 추천해 줄 것이라고 기대하지 않는다.

아마존은 '효율'에 초점을 맞춘 분위기다. 게다가 아마존의 야망은 서점에 그치지 않는다. 니콜라스 카는 아마존 서점을 "오프라인 매장을 보다 널리 보급하는 선봉"으로 간주한다. 오프라인 서점 확장 속도가 빨라지고 상품 품목도 지속적으로 늘어나는 것으로 보아, 아마존은 결국 모든 소매업의 오프라인 업무에 도전장을 낼 것이다.

아마존 서점에는 아마존의 야심을 폭로하는 형체 없는 상품이 하나 있다. 바로 특별회원 서비스인 아마존 프라임Amazon Prime이다.

아마존 서점의 숨겨진 '계략'은 뭘까? 표지를 내보이는 책들에는 가격표가 붙어 있지 않다. 그 대신 책꽂이 근처마다 가격을 확인하는 기계가 있어서 책의 바코드를 스캔하면 아마존 온라인의 가격이 뜬다. 이어지는 상황은 다들 짐작이 가리라. 아마존 회원은 더 많은 혜택을 받는다.

비회원은 정가를 내야 하고, 아마존 회원은 할인을 받는다. 소비자가 가격 문의를 하면 직원은 아마존 회원으로 가입했을 때 어떤 이점이 있는지 설명해 줄 것이다. 백화점이나 여러 상점에서도 흔히 쓰는 방법으로, 회원에게 더 많은 혜택을 주어 물건을 사게 하고 아울러 충성 고객으로 끌어들이려는 전략이다.

결제 방식도 휴대폰을 쓰는 젊은 층의 습관에 맞추었다. 아마존 서점은 소비자가 휴대폰에 깔아 놓은 아마존 소프트웨어를 이용한 결제를 환영한다. 결제 내역을 계산대 직원에게 확인받고 상품을 가져가면 된다. 다른 체인서점과 독립서점을 취재할 때 그곳들에서 약속이

아마존 오프라인 서점에서는 온라인으로
실시간 가격을 검색해 책을 살 수 있다.

나 한 듯 똑같이 한 말이 있다. "서점을 둘러보던 손님이 아마존 온라인으로 책을 주문하는 모습은 정말 보고 싶지 않은 광경입니다." 아마존은 이 문제를 스스로 해결했다.

아마존 오프라인 서점은 다른 서점을 두려움에 떨게 했지만, 아마존의 핵심 가치는 역시 온라인에 있다. 아마존 오프라인 서점의 목적은 사실 새로운 회원을 얻고, 기존 회원이 새로운 데이터 축적에 기여하게 만드는 것이다.

2018년 1분기 재무보고에 따르면, (아마존 프라임을 포함한) 아마존 구독 서비스 수입은 31억 달러로 전년 동기 대비 60퍼센트 증가했다. 우리는 아직 이 성장 데이터에 아마존 오프라인 서점이 어떤 기여를 했는지는 알아내지 못했다. 하지만 주목할 점이 있다. 2017년 아마존은 오프라인 매장 확장에 박차를 가했다. 아마존은 현재 미국 전역에 13개 오프라인 서점을 보유하고 있다. 2015년 말 시애틀 대학가에 문을 연 플래그십 스토어에 이어 2016년 2곳이 더 생겼고, 2017년에는 10곳이나 개점했다. 이들 신규 매장은 뉴욕, 시카고, 실리콘밸리 등 인구 밀집 지역에 집중되어 있다.

신규 회원을 얻는 효과 외에도 오프라인에서 이루어지는 새로운 소비 행위는 온라인 데이터와 함께 아마존 시스템 이용자의 소비자상像을 보완한다. 그리고 아마존은 이를 통해 보다 정교한 광고 수입을 얻을 수 있다. 현재 아마존의 주요 광고 수입은 상품 검색 페이지에 삽입된 '스폰서 상품' 광고에서 나온다. 제3자 판매자가 아마존에 비용을 지불하는 이 광고는 이용자의 검색을 따라 이용자에게 노출된다. 2018년 1분기 재무보고에 따르면 아마존 광고 판매액은 20억 3100만 달러로 전년 동기 대비 132퍼센트 증가했다.

서점이라 주장하는
빌리지뱅가드의 딴청

글 = 쑨멍차오 + 사진 = 파비안 옹

빌리지뱅가드 시모키타와점

주소　　　東京都 世田谷區 北澤 2-10-15

영업시간　10:00-24:00

전화　　　+81 3 3460 6145

빌리지뱅가드 시부야점

주소　　　東京都 澀谷區 宇田川町 23-3 B1F/2F

영업시간　10:00-23:00

전화　　　+81 3 6416 5641

일본의 대규모 체인서점을 열거해 보자. 분쿄도文教堂, 산세이도三省堂, 쓰타야쇼텐, 기노쿠니야쇼텐紀伊國屋書店, 빌리지뱅가드Village Vanguard……. 빌리지뱅가드? 이름부터 도드라지고 자기만의 길을 간다는 느낌이 확 든다.

1986년 빌리지뱅가드 제1호점이 문을 연 곳은 나고야 외곽에 있는 농산물 창고였다. 재즈 애호가인 주인 기쿠치 게이이치가 미국의 한 재즈바 이름을 따서 서점 이름을 정했다. 당당하게 서점을 자칭한 빌리지뱅가드는 개업하자마자 딴 데 정신을 팔았으니, 책뿐 아니라 간식거리, 잡화, 소형 가전, 음악 CD 등 온갖 물건을 판매했다.

최초의 빌리지뱅가드는 마치 뒷마당에 방치된 양철 창고를 취향껏 개조한 비밀 기지 같았다. 주인이 재미있게 본 책을 진열하고, 좋아하는 음악을 틀고, 좋아하는 간식을 준비해 두고, 당구대까지 하나 놓았다. 책과 잡화를 굳이 분리하지도 않았고, 세월이 흐를수록 물건이 자꾸자꾸 쌓여 통로가 좁아지고 천장까지 포스터가 덕지덕지 붙었다. 심지어 천장에 달린 끈을 잡아당기면 열리는 다락에도 물건이 들어차 있다.

나중에 350여 곳으로 체인점을 확장하면서도 빌리지뱅가드는 지저분하고 정신없는 '창고식' 진열 방식을 이어 나갔다. 이런 '창고'는 기쿠치 게이이치의 개인적 취향에서 점차 각 지점에서 일하는 직원의 취향 집합체로 확대되었다. 각 매장 직원은 물품 선정과 진열에 최대한 참여한다. 이런 경영 방식 덕분에 모든 가게가 개성이 넘친다. 그리하여 빌리지뱅가드 팬은 가게 특성을 금세 알아차린다. 시모키타자와점에는 미술 방면 고수가 있군. 신주쿠점에는 독창적인 잡화가 특히 많아. 시부야점에는 틀림없이 마블 마니아 직원이 숨어 있을 거야.

Key word 1

엉망진창 진열

"너무 가지런하게 배열하면 손님들이 건드릴 생각을 못해요." 빌리지뱅가드 도쿄 시모키타자와점 차장 하세가와 아키라는 가게가 더 '엉망진창'으로 보이기를 원한다.

물론 여기서 그치지 않는다. 책과 잡화를 섞어서 파는 뒤죽박죽 진열 방식은 사실 심사숙고를 거친 연상 게임이다. 간단하게 배치를 보면, 사진집 근처에는 폴라로이드가 있고, 소설 가까이에는 작가가 즐겨 먹는 과자가 있다. 이런 식으로 관련 물품을 배치할 뿐 아니라 매장 한복판에는 테마 상품 진열대가 죽 놓여 있다. 빌리지뱅가드 시모키타자와점에는 30여 개의 테마 진열대가

있다.

다이어트 진열대를 한번 살펴보자. 직원은 다이어트가 성공한 뒤의 아름다운 이미지로 고객의 다이어트 욕망을 자극할 필요가 있다고 보고 날씬한 여배우의 사진집을 놓는다. 푸른색이 가장 식욕을 떨어뜨리는 색깔이라는 일설에 따라 푸른 접시나 푸른 잼도 진열한다. 살을 빼려면 당연히 운동도 많이 해야 하니 등산 안내서를 놓고 등산 배낭까지 배치한다. 테마 진열대에 놓인 각각의 상품은 모두 서로 관련이 있으며, 심지어 인접한 진열대끼리도 미묘한 연관성이 있다.

빌리지뱅가드의 진열대는 미로처럼 놓여 있어 끝이 어디인지 알 수가 없다. "이렇게 하면 미로 속으로 빨려드는 흥미진진한 느낌이 들죠. 앞에 뭐가 있는지도 알 수가 없어 고객이 가게에 더 오래 머물게 돼요." 하세가와는 고객이 평균 20–30분간 매장에 머문다고 밝혔다.

어떤 주제의 연상을 어떻게 갖고 놀 것인가는 대부분 빌리지뱅가드 직원의 머릿속에서 나온다. 빌리지뱅가드의 여러 매장에서 비슷한 주제나 똑같은 배치 방식은 찾아보기 힘들다. 도쿄 시부야점에서는 최근 '똥'이라는 테마를 정하고 똥 모양 물컵과 인형, 변기 모양 그릇, 할머니가 화장실에서 신는 플라스틱 슬리퍼, 심지어 볼일 보면서 시간을 보내기에 알맞은 낱말풀이 놀이 책까지 진열해 놓았다.

빌리지뱅가드에서 입맛을 살짝 떨어뜨리는 이런 테마를 무작정 고른 것은 아니다. 빌리지뱅가드 2017년 11월 홍보 책자에는 '똥 선생'이라고 불리는 활동가 이자와 마사나와 그가 쓴 책이 크게 소개되었고, 매장에서도 그의 책을 판매했다. 이자와 마사나는 버섯류를 전문으로 찍는 사진가로 1970년대부터 자연보호 활동을 시작했다. 그는 일 년 내내 언제나 자연에서 볼일을 보고 자연 속에 있는 나뭇잎 등을 휴지 대신 사용한다.

물론 빌리지뱅가드에서 소매점의 기본 진열 방식을 따르는 부분도 있다. 도쿄 시모키타자와점을 보면, 정문에서 이어지는 메인 통로가 '핵심 판매 구역'으로, 통로 양쪽에 다양한 테마의 진열대가 늘어서 있다. 가게의 특색을 살리면서 더 많은 매출 잠재력이 있는 테마라면 더 좋은 자리를 얻는다. 시모키타자와가 젊은 층이 모여드는 문화 중심지이자 유명한 연극 거리이므로 시모키타자와점도 이런 특성을 핵심 주제로 삼는다. 또 주제와 관련 있는 연예인과 합작 이벤트를 많이 열어 사람을 모으고 책 판매를 촉진한다.

도쿄 시부야점은 이전하면서 아이돌 공연 무대까지 설치했다. 이곳 시부야점에서는 거의 날마다 다양한 아이돌 그룹이 나오는 공연이 펼쳐지며, 무대가 있는 지하 2층에는 아이돌 팬을 위한 상품이 많다.

Key word 2

'비주류' 상품 편애

빌리지뱅가드에서 주류 상품을 일부러 피하는 것은 결코 아니다. 2017년 12월에 가장 많이 팔린 CD는 인기 가수 히로스에 료코의 새 앨범이었고, 무라카미 하루키와 신카이 마코토의 책도 눈에 잘 띄는 곳에 진열되어 있다. 그러나 다른 서점과 차별점을 만들기 위해 빌리지뱅가드는 마니아 소비자를 위한 도서와 음반을 선호한다.

하세가와의 선택 원칙은 '레어템'으로 귀납되었다. 바꾸어 말하면, 시각적 임팩트로 다른 가게와 차별화하겠다는 것이다.

빌리지뱅가드 온라인 쇼핑몰의 책 카테고리를 보면 사진집, 예술, 건축, 디자인 분야의 비중이 매우 크다. 오프라인 서점의 필수 코너인 여행서적 코너에는 관광 명소를 늘어놓거나 지도로 가득 찬 여행안내서를 찾아볼 수 없다. 그 대신 "하루에 끝내는 음주 여행", "3년 동안 구글 지도에 별표 100개를 찍게 할 지구 안내서" 같은 책 소개가 눈에 띈다.

음반 진열대로 가 보면 뮤지션의 라이브 영상이나 뮤직비디오가 소형 스크린으로 재생되고 있다. 빌리지뱅가드에서 추천하는 뮤지션은 대개 특정 지역에서만 활동하거나 많은 인기를 얻지 못한 가수나 밴드다. 빌리지뱅가드에서는 심지어 아직 뜨지 못한 걸그룹의 화보집을 내기 위해 크라우드펀딩을 하기도 했다.

잡화는 이런 경향이 더 강하다. "인기 상품은 모든 매장에서 팔고 있어요. 잡화의 유행 흐름을 생산이 따르지 못해 한발 늦는 경우도 많고요. 그래서 빌리지뱅가드는 오리지널 상품을 개발하고 비주류 취향을 발굴하는 데 더 많은 에너지를 쏟고 있죠." 빌리지뱅가드 상품기획부장 가토 유키의 설명이다. 창의적 분위기가 넘치는 도쿄에 더 가까이 다가가고자 빌리지뱅가드 상품기획부는 7년 전 나고야에서 요코하마로 이전했다.

지금 빌리지뱅가드는 독립 창작자에게 중요한 개발 플랫폼이 되어 있다. 본사와 인기 매장에는 자신의 창작물을 빌리지뱅가드에서 팔고 싶어 하는 독립 창작자의 제안서가 매일같이 날아든다. 아이디어 수공예품도 있고, 자비 출판 만화나 사진집, 심지어 음악 앨범도 있다. 각 지점 점장과 본사 상품기획부는 이 수많은 제안 속에서 금을 캐내려 눈을 부릅뜨고 있다. 뛰어난 상품을 찾아내면 제휴를 논의하고 정식으로 상품화한다. 훌륭한 아이디어를 더 많이 발굴하기 위해 빌리지뱅가드는 3년 전부터 잡화 아이디어 공모를 시작했다. 현재 이러한 오리지널 상품의 온라인 매출은 분기당 세 자릿수 속도로 증가하고 있으며, 빌리지뱅가드에서 가장 인기 있는 상품 카테고리가 되었다.

빌리지뱅가드에서는 직원에게도 적극적으로 아이디어를 내라고 권장한다. 2017년 크리스마스에는 일본 켄터키프라이드치킨KFC과 합작해 KFC 크리스마스 치킨박스 구매 고객에게 주는 증정품을 제작했다. 닭다리 모양에 치킨 냄새까지 나는 고체 입욕제였다. 동영상 촬영 연습에 활용할 수 있는 '유튜브 영상 효과 거울'도 출시했다. '유튜버'는 일본 초등학생에게 가장 인기 있는 직업이 된 지 오래다.

Key word 3

POP로 이야기하라

빌리지뱅가드 직원은 가게를 바삐 돌아다니지도, 고객에게 물건을 팔려고 전전긍긍하지도 않는다. 하지만 가게 곳곳에 잔뜩 붙어 있는 크고 작은 형광색 카드가 눈에 들어온다. 직원들은 사실 고객에게 끊임없이 이야기를 건네고 있다. 서가 옆 바닥에는 "여기쯤 서서 책 한 권 들고 읽어 봐요, 엄청 지적으로 보일걸", 게임 테마 진열대에는 "게임은 하루 한 시간만"이라는 카드가 붙어 있다. 지하 1층을 둘러본 다음 '다음 층은 나중에 볼

래'라고 생각하며 나가려는 손님은 문 앞에서 작은 카드
를 보게 된다. 이 카드는 애교까지 부린다. "아래층엔 안
가 봐요? 정말 안 갈 거야?"

　이런 POP(Point of Purchase) 광고는 직원과 고객의 언
어 소통을 유연하게 도울 수 있어 개성을 추구하는 소매
점에서 널리 쓰인다. 빌리지뱅가드 매장에 있는 이 작은
카드는 모두 직원이 손으로 쓰고 때로는 그림도 그려 넣
은 것이다. 시모키타자와점 차장 하세가와는 POP의 달
인이며, 직원에게도 각자 맡은 분야에서 고객의 눈길을
끄는 카드를 쓰게 하는데, 직원인 나카자와 다카노리는
만화로 POP 포스터를 멋지게 꾸민다.

　POP는 상품 추천에도 활용된다. 예를 들어 만화책

빌리지뱅가드는 테마에 따라 상품을 진열하고 동선을 짜
소비자를 깊숙이 끌어들인다.

『너의 이름은』 표지에는 "내 이름은 다나카야"라는 카드가 붙어 있고, 『세상에서 가장 위험한 생물』世界で一番キケンな生きもの이라는 동물도감 POP에는 "마누라"라고 쓰여 있다. 진지하기도 하고 익살스럽기도 하고 자조적이기도 하며, 또 내용과 전혀 관련이 없을 때도 있는 이 말들은 소비자의 눈길을 강하게 잡아끈다.

이런 스타일의 커뮤니케이션은 온라인 네트워크로도 이어진다. 한 소비자가 트위터에 자신이 구매한 2018년 빌리지뱅가드 복주머니를 올리고 이렇게 투덜거렸다. "진짜 쓰레기를 샀어, 사슴 머리 모양 털 인형인데 완전 쓸데없어!" 이어 빌리지뱅가드 직원이 댓글을 달았다. "완전 쓸데없는 물건을 파는 일이 우리의 본분입니다." 빌리지뱅가드의 판매 포인트는 바로 쓸데없음에 있다. 빌리지뱅가드는 심지어 '쓰레기봉투'로 유명한 자기네 복주머니로 손맛을 시험해 보라고까지 홍보한다.

인터넷으로 책을 사는 일이 보편화되자 빌리지뱅가드의 도서 매출은 2012년 전체 매출의 10퍼센트에 지나지 않게 되었고, 이 숫자는 계속 줄고 있다. 오늘날 빌리지뱅가드의 주요 소비층은 여학생과 젊은 여성이다. 이에 따라 빌리지뱅가드는 이 소비층에게 환영받는 한국 음식과 화장품을 적극적으로 들여오고 한국 아이돌 그룹 관련 상품도 많이 판매한다.

'서점' 빌리지뱅가드는 이제 제품 라인을 더욱 다각화해 매출을 끌어올려야 한다. 그래도 책은 여전히 빌리지뱅가드에서 한 자리를 차지할 것이다. 인기 품목은 아닐지라도, 함께 판매되는 다른 상품과 마찬가지로 책은 빌리지뱅가드에서 중요한 한 가지 테마다. 몇 넌 전에 서점에서는 책을 팔았다. 지금은 '체험'과 '화제'를 판다.

하세가와는 말한다. "물건을 늘어놓고 팔던 시대는 끝났어요. 미래는 아이디어의 시대입니다."

사진＝탕야이

'한 권의 책을 파는'
모리오카쇼텐은 어떻게 탄생했을까?

글 = 쑨멍차오

인터뷰이 = 모리오카 요시유키
1974년 일본 야마가타현에서 태어났다.
호세이대학 정치학과를 졸업한 뒤
1998년부터 중고서점 잇세이도(一誠堂)에서
8년간 일했다. 2006년에 도쿄 가야바정에
모리오카쇼텐을 열고, 중고 예술서적을
주로 팔면서 작은 전시 공간도 마련했다.
2015년 도쿄 긴자로 자리를 옮겨 '한 권의
책을 파는 서점'을 운영하기 시작했다. 한 주에
책 한 권만 팔면서 책과 관련된 전시회를 열고,
저자나 편집자를 초빙해 강좌를 열면서 직접
독자와 교류한다.
/도쿄

2018년 3월 한 주간 모리오카쇼텐에서는 타이완 디자이너 올리비아 판이 디자인한 검은 노트를 팔았다. 노트 역시 넓은 의미로는 '책'이다. 노트를 팔면서 이탈리아 피렌체에 있는 예술 공간 누메로벤티 디자인 레지던시의 크리에이티브 디렉터 마르티노 디 나폴리 람폴라, 타이완 예술가 란중쉬안, 타이완 사진작가 맷 리아오가 이 노트에 창작한 작품을 함께 전시하고, 양쪽 벽면에는 몇몇 예술가의 사진 작품을 들쭉날쭉 걸어 놓았다. 독자가 이번에 살 수 있는 '책'은 정교하게 장정된 빈 노트 한 권이다. 전시 기간 중에 모리오카 요시유키와 람폴라의 조촐한 좌담회가 열렸으며 참석자에게는 이탈리아 초콜릿과 람폴라 일가가 양조한 레드와인을 제공했다. 이상이 모리오카쇼텐의 평범한 한 주다.

언론의 떠들썩한 보도 때문에 지금의 모리오카쇼텐은 이미 인기 있고 유명한 서점이라는 느낌을 준다. 서점이 그다지 번화하지 않은 거리에 있어 여전히 주소를 들고 찾아오는 사람이 눈에 띈다.

모리오카 요시유키는 서점 인테리어를 스스로 했다. 벽과 천장을 우윳빛으로 칠하고, 벽에 난 못 자국도 천장에 노출된 철근 파이프도 애써 가리지 않았다. 16제곱미터의 작은 공간에 나무로 된 오래된 계산대 하나, 전화기 한 대, 노란색 작은 등 하나. 전시가 없는 날의 모리오카쇼텐을 유리문 밖에서 들여다볼 때 한눈에 들어오는 모습이다.

다양한 전시품을 진열할 때는 갖가지 크기의 탁자와 탈부착이 가능한 벽걸이 나무틀을 쓴다. 저자도 기획과 진열에 자유롭게 참여한다. 우리가 방문한 바로 다음 일주일 동안 모리오카쇼텐은 다육식물도감 한 권을 판매할 계획이고, 이에 맞추어 다육식물 가게로 변신해야 한다. 책의 내용에 따라 모리오카쇼텐은 일주일 한정 케이크 가게나 잡화점, 옷가게 등으로 탈바꿈한다. 평면이던 책을 입체화시켜 독자가 책의 세계에 보다 직관적으로 다가서게 하는 것, 이는 바로 '한 권의 책을 파는 서점' 모리오카쇼텐의 핵심 이념이기도 하다.

'한 권의 책을 파는 서점'이라는 다소 이상주의적 아이디어가 상업화된 데에는 모험을 원하는 사업가의 도움이 큰 역할을 했다. 2014년 9월, 일본 디자인 회사 타크람은 투자회사 스마일스 대표 도야마 마사미치를 초청해 '새로운 비즈니스'를 주제로 강좌를 열었다. 강좌의 참가자는 이 자리에서 자신의 사업 구상을 발표하고, 아이디어가 채택되면 도야마에게 투자를 받아 창업할 기회를 얻었다. 도야마 마사미치는 일본 창의경영 분야의 저명한 인물로, 수프 전문 체인인 수프 스톡 도쿄, 재활용 편집숍 패스 더 배턴 같은 회사가 그의 손을 거쳤다.

사진＝모리오카쇼텐

모리오카쇼텐

주소　　　東京都 中央區 銀座 1-28-15

영업시간　13:00–20:00

휴무일　　매주 일요일

전화　　　+81 3 3535 5020

Q3   차세대 서점에는 어떤 새로운 아이디어가 있을까?

도야마가 선택한 것은 모리오카의 기획이었다. 6개월 뒤, '한 권의 책을 파는 서점' 모리오카쇼텐이 긴자의 한 외진 골목에 문을 열었다.

　서점 로고는 타크람에서 디자인했다. '하나의 책, 하나의 공간'을 상징하는 작은 마름모꼴 아이콘 위에 서점 주소와 이름, 브랜딩 전략을 영문으로 길게 써넣은 형상이었다. 텍스트가 메인이 된 로고였기에 서체도 새로 디자인했다. 모리오카는 '스즈키 빌딩'이라는 좌표가 모리오카쇼텐 DNA의 주요 성분이라 생각했다. 스즈키 빌딩에는 사진가 도몬 겐, 1964년 도쿄 올림픽 로고와 포스터를 디자인한 가메쿠라 유사쿠 등 전후 일본 출판계의 거장이 속했던 편집회사 닛폰코보日本工房가 있어, 이 오래된 건물 자체가 전후 일본 출판계의 출발점이었다. 모리오카쇼텐의 로고 디자인과 브랜드는 2016년 레드닷 디자인 어워드, IF 디자인 어워드, 일본 굿 디자인 어워드에서 잇따라 상을 받았다.

　16제곱미터의 작은 서점은 한순간에 유명해졌고, 언론 인터뷰와 관광객이 몰려들었다. 개업한 지 3년이 지났지만 모리오카는 여전히 매주 취재에 응한다. 그러나 언론의 높은 관심과 달리 관광객은 서점에 오래 머물지 않고, 언어 장벽 때문인지 책을 사는 데도 소극적이다. 작은 행사가 열릴 때가 아니면 서점을 찾는 손님이 10여 명에 지나지 않아 서점 안은 대개 썰렁하다. 모리오카는 솔직히 말한다. "제 인건비를 빼면 모리오카쇼텐은 손익분기점을 겨우 넘긴다고 할 수밖에 없고, 가장 잘 팔리는 책은 역시 더 잘 알려진 작가들의 작품입니다. 최근 매출액이 비교적 높았던 책은 연필화가 스와 아쓰시의 회화집이에요. 함께 전시한 그림도 꽤 팔렸죠."

모리오카쇼텐이 유명해지면서 모리오카 요시유키의 미적 감각도 널리 인정받고 있다. 이제 그는 서점 주인이라기보다 문화계의 유명 인사처럼 느껴진다. 쏟아져 들어오는 각종 전시 기획과 강연 요청에 응할 뿐 아니라 패션 브랜드 코치의 남성 가방 신제품 광고에까지 등장한다. 그의 저서를 읽은 의류 브랜드 대표의 협업 제의로 흰 티셔츠를 출시하기도 했고, 무인양품의 요청으로 상하이에 새로 여는 매장의 도서 선정을 맡기도 했다. 갈수록 바빠지지만 모리오카는 역시 일주일에 이틀은 가게를 지키려고 애쓴다. 조수 두 명이 기본 업무 처리를 돕지만, 책 선정과 전시는 모리오카가 도맡고 있다. 2018년 연초, 모리오카쇼텐의 전시 일정은 이미 연말까지 꽉 차 있었다.

책을 선정하는 기준은 무엇입니까? 개인의 선호 말고
어떤 구체적인 기준이 있나요?

소설, 그림책, 사진집 등 우리가 전시하는 책의 범위는 매우 넓은데요, 수치화한 기준은 딱히 없고 시장 선호를 고려하지도 않습니다. 주로 느낌에 의지하죠. 저를 놀라게 하거나 어떤 미지의 세계를 보여 주는 책을 좋아합니다. 이제 많은 창작자가 우리의 판매 방식을 인정하고, 자발적으로 연락해 와서 이 플랫폼을 빌려 쓰고 싶어 합니다. 그래서 우리는 점점 선택받는 입장이 되어 가고 있어요. 지금은 선택하는 상황과 선택받는 상황이 반반입니다.

개점 초기에 마케팅 활동도 했습니까? 한바탕 붐이 일었다가 꺼지고 나면 어떻게 될지 걱정스럽지는 않나요?

처음 서점을 열면서 우리는 의도적인 마케팅이나 홍보 활동을 전혀 하지 않았습니다. 그래서 해외에서 그렇게 많은 독자와 언론이 몰려와 깜짝 놀랐지요. 어쩌면 해외에서 보기에 '하나의 책, 하나의 공간'이라는 일본 서점의 판매 방식이 신기했는지도 몰라요. 붐이 지나간다는 것은 별로 걱정되지 않습니다. 이제 막 시작점에 선 것 같은걸요. 그림 한 점만 파는 가게를 하나 더 열면 어떨까 하는 생각도 있고, 새로운 일을 아주 많이 시도하고 있습니다.

모리오카쇼텐에서 만들어 낸 부가가치는 무엇일까요? 서점은 앞으로도 모리오카 씨의 주요 사업이 될까요?

5년 뒤에 제가 어떤 일을 하고 있을지는 상상이 가지 않지만, 모리오카쇼텐은 반드시 유지될 겁니다. 이 서점 덕분에 다른 일을 할 기회도 참 많이 얻었죠. 작년에는 에르메스 도쿄 긴자점에 수공업 장인을 주제로 한 쇼윈도를 디자인했고, 지난달에는 인도 현지 조사도 다녀왔습니다. 도쿄 21_21디자인사이트 미술관에서 열리는 인도 전통 면직물 카디Khadi 전시회를 기획하고 있거든요. 카디 공장에 가서 현지인이 손으로 실을 자아내는 모습을 직접 보고 왔죠. 갖가지 강좌에도 참여합니다. 지난주에는 마쓰야마에 가서 분지盆地를 주제로 열린 대담에 참석해 분지 지역 수공에 기술이 지닌 지리적 이점 등에 대해 이야기를 나눴지요. 최근에는 친구의 소개로 가이드 일까지 해 봤습니다. 심도 깊은 관광을 원하는 유럽 여행객에게 도쿄를 안내했는데, 유서 깊은 전통 간식 가게, 품격 있는 재즈 카페 등 여행객이 잘 모르는 곳으로 데려갔지요. 이렇게 새로운 일을 해 보는 것이 무척 즐겁습니다.

사람들이 기대하는 서점의 모습이나 역할에 어떤 변화가 있다고 느끼는지요? 서점은 이런 변화에 어떻게 적응해야 할까요?

며칠 전에 한국에서 열린 '오늘날의 서점' 포럼에 참석해서 밝혔던 생각입니다. 우리가 사는 도시를 원시 사회에 비유한다면, 대형 오피스빌딩에서 근무하는 직장인은 아마 농경인이 될 겁니다. 그들은 안정된 수입이 있어요. 저를 비롯한 창업자나 크리에이터는 수렵인이라 할 수 있죠. 우리는 끊임없이 사냥감을 찾아야만 살아갈 수 있습니다. 최근 몇 년간 수렵인의 방식을 시도하는 사람이 점점 많아진다는 느낌이 드는데요. 그들은 종종 서점이나 카페 같은 장소에 출몰합니다. 저는 모리오카쇼텐이 수렵인에게 교류 공간, 새로운 영감을 얻는 공간이 되기를 바랍니다. 책만 파는 공간이 아니라 소통하고 교류하며 책에 없는 정보를 얻을 수 있는 공간이요. 물론 서점에도 여러 종류가 있는데, 예전에 일했던 잇세이도 서점은 마치 하나의 도서관 같았죠. 그런 스타일의 서점도 수요가 클 것이고 계속 존재하리라 봅니다.

> 서점을 경영하는 사람을 보면, 취미 때문에 하는 사람도 있고, 돈을 벌려고 하는 사람도 있고, 꿈을 이루려는 사람도 있습니다. 모리오카 씨는 무엇을 위해 서점을 하죠?

저는 취미와 일을 결합했습니다. 책을 좋아하기 때문에 대학을 졸업하고 잇세이도에서 일했지요. 8년이 훌쩍 지나갔어요. 잇세이도는 매우 조용한 곳이었고, 제 일은 도서관 사서의 업무와도 꽤 비슷해서 말을 많이 할 필요가 없었어요. 나중에 독립하고 나서는 서점을 잘 꾸리기 위해 어쩔 수 없이 여러 사람과 교제해야 했죠.

　도쿄에 좋아하거나 자주 가는 서점이 있나요?
쓰타야쇼텐이나 마루젠丸善 같은 큰 서점에 늘 갑니다. 독립서점 가운데는 도토도東塔堂와 카우북스COW BOOKS 를 좋아하고요. 꼭 책을 사려는 목적은 아니에요. 그저 시간을 보내려고 가기도 합니다. 서점에 가서 어슬렁거리다 보면 종종 괜찮은 발견을 하게 되거든요.

도토도(東塔堂)

주소	東京都 澁谷區 鶯谷町 5-7
영업시간	12:00–20:00
휴무일	매주 일요일
전화	+81 3 3770 7387

카우북스(Cow Books)

주소	東京都 目黑區 青葉台 1-14-11
영업시간	12:00–20:00
휴무일	매주 월요일
전화	+81 3 5459 1747

많은 서점이 인테리어와 디자인, 이벤트를 중요시하게
되었고 심지어 이를 앞세워 '새로운 서점'이라는
타이틀을 내건다. 하지만 사진기는 내려놓고, 다른
기억을 떠올려 보자. 서점에서 얻은 최초의 감동을
말이다. 그렇다. 이제 '책 고르는 능력'을 이야기할 때다.

Q4
가장 간과하기 쉬운
서점의 가치

하바 요시타카
: '책을 고르는 능력'이
어떻게 가치가 될까?

글＝지양 + 사진＝린빙판

인터뷰이＝하바 요시타카
일본의 유명한 북큐레이터, 편집자,
자유기고가로 1976년 일본
아이치현에서 태어났다. 게이오대학
법학부를 졸업하고 아오야마북센터
도쿄 롯폰기점, 편집 프로덕션
제이아이에서 근무했다.

2005년 북큐레이션을 핵심 가치로
내세운 일본 최초의 회사 바흐를 설립했다.
저서로 『하바 서점의 88권―나중에
피가 되고 살이 되는』(幅書店の88冊
あとは血となれ, 肉となれ),
『책 따윈 안 읽어도 좋지만』 등이 있다.
/도쿄

서점은 어려운 고비를 맞이했지만, 책이라는 개념 자체는 오히려 판매와 서비스의 일부가 되어 우리 삶의 갖가지 공간으로 들어섰다.

도쿄 긴자의 새로운 백화점 긴자식스에 있는 조스 카페의 서가, 속옷 브랜드 와코루가 교토에 세운 복합 공간 와코루 스터디홀의 공유 작업실 및 도서관, 후쿠이 은행에서 지역 여성을 위해 만든 도서 공유 공간 우먼스 인스피레이션 라이브러리, 고쿠가쿠인대학 시부야 캠퍼스 도서관 밖에 있는 열린 서가, 도쿄 라이프스타일 복합 쇼핑몰 라카구 2층의 그림책 코너, 도요타 자동차 박물관의 도서, 도쿄 일본국립신미술관의 기념품점 수버니어 프롬 도쿄, 도큐핸즈 긴자점의 '손의 부활'을 콘셉트로 한 서점 핸즈북스Hands Books······. 이들은 일반적인 서점이라고는 할 수 없는, 서점이나 도서관의 특징을 지닌 새로운 공간이다. 이들 공간에 둘 책을 선정하고 진열하는 작업은 모두 바흐BACH에서 담당했다.

바흐 설립자 하바 요시타카의 첫 번째 직장은 아오야마북센터 도쿄 롯폰기점이었다. 아오야마북센터는 도쿄에서 문화적으로 매우 중요한 위치에 있는 서점이다. 독자는 이 서점의 책 고르는 안목을 신뢰하고, 서점에서도 여러 가지 행사를 개최하며 작가와 독자의 상호 교류를 촉진한다. 하바는 한 구역을 맡아 책 선정과 진열을 책임지고 있었다. 한번은 시각 효과가 매우 뛰어난 미국 건축가 레베우스 우즈의 건축 개념서를 진열대로 옮겼더니 독자들이 금세 흥미를 보이며 사 가기 시작했다. 이때 하바는 책과 환경의 관계를 처음 의식했다. 똑같은 책도 다른 환경에 놓이면 새로운 효과를 낳았다.

두 번째 직장은 편집 프로덕션 제이아이JI로, 잡지 『포파이』Popeye 편집장 이시카와 지로가 설립한 기획사였다. 당시 제이아이는 쓰타야 도쿄 롯폰기 매장 디자인을 맡았는데, 이시카와 지로가 그곳에 넣을 2만 권에 가까운 책 선정을 스물여섯 살 하바에게 맡겼다. 쓰타야 도쿄 롯폰기의 '서점＋카페' 모델은 독자에게 환영받으며 상업적으로도 큰 성공을 거두었다. 이 덕분에 점점 많은 사람이 제이아이를 찾아와 북큐레이션 자문을 구하게 되었다. 하바는 이 일이 현대의 새로운 직업이 될 수 있다는 사실을 깨닫고, 북큐레이션을 전문으로 하는 컨설팅 기획사 바흐를 설립했다. 바흐는 많은 회사와 조직에 북큐레이션 서비스를 제공하며, 책을 둘러싼 편집과 전시, 광고 업무에도 뛰어들었다.

'북큐레이터'라는 직업이 흔치 않은데요. 어떻게
이 일을 하게 됐죠?

2000년에 아오야마북센터에서 근무할 때, 마침 아마존이 일본 시장에 진입했습니다. 인터넷으로 책을 사는 일

도쿄 사무실에 꽂혀 있는
하바 요시타카의 소장 도서.

은 사람에게 편리를 주지만 오프라인 서점에는 위기를 불러왔죠. 단순히 매출이 떨어진다는 말로만 표현되는 상황이 아니라 피부로 느껴졌어요. 서점을 찾는 손님이 나날이 줄어 서점이 얼마나 한산해졌는지 몰라요. 그런데 이때 한 가지 깨달은 점이 있어요. 사람들이 책 한 권을 발견하고, 무슨 책인지 궁금해하고, 손에 들고 뒤적이는 순간이 비로소 책의 의미가 살아나는 시간이라는 사실이었죠. 도서관이나 서점을 찾는 사람이 점점 적어지고 있어요. 그렇다면 왜 책을 사람이 있는 곳으로 가져가지 않는 거죠? 이것이 바로 제가 북큐레이터가 되기로 결심한 이유입니다. 바흐의 경영 철학이기도 하고요.

북큐레이터라는 일이 가진 가장 큰 의의는 무엇인가요? 가장 큰 의의는 역시 사람들의 호기심을 불러일으키는 데에 있다고 봅니다. 일본만 보아도 책의 종류가 정말 너무나 많습니다. 예를 들어 2017년 한 해 동안 출간된 책만 해도 7만 5000종이에요. 하루 평균 200권 이상 신간이 쏟아져 나오는데, 이렇게 많은 책을 다 읽기란 사실상 불가능하죠. 책을 고를 때 우리의 검색 범위는 보통 친숙하거나 흥미로운 주제로 한정됩니다. 반면에 북큐레이터의 임무는 수많은 책 가운데 좋은 콘텐츠를 골라내는 것이고, 그에 더해 그것들을 알맞은 장소로 가져가 사람들이 알지 못하거나 흥미 없어하던 내용을 널리

전하고, 호기심을 자극해 책을 집어 읽고 싶게 만드는 겁니다.

북큐레이션을 할 때 팀이 함께 작업하나요, 개인 취향에 따르나요?

둘 다입니다. 작은 공간이라면 개인의 입맛대로 직감에 따라 책을 고르지만, 대부분 팀에서 힘을 합치죠. 사전 인터뷰와 조사를 철저히 해서 어떤 수요가 있는지 파악하고 주제를 대략 정한 다음, 각자 알맞은 책을 찾는 식입니다.

사전 인터뷰와 조사는 어떤 식으로 진행하나요?

2017년 말에 작업했던 고베 안과 센터의 서가 북큐레이션을 예로 들어 볼게요. 고베 안과 센터는 시각장애인을 위한 종합병원으로 주로 완전 실명 환자와 약시 환자가 내원합니다. 인터뷰하러 갈 때 우리는 갖가지 책과 음원을 가져가서 그분들이 보고 만지고 듣는 모습을 관찰했는데, 완전 실명 상태가 아닌 약시 환자도 문자메시지를 거의 읽지 못하더군요. 그래서 다음에는 문자책 대신 사진책으로 바꿔 봤지요. 환자분들은 흑백사진보다 컬러사진을 더 분명히 알아보았고, 대조가 강한 컬러사진이 효과가 더 좋았습니다.

따라서 흑백사진을 많이 찍는 모리야마 다이도보다는 컬러사진을 주로 찍는 시노야마 기신의 작품집을 갖다 놓는 편이 좋겠다고 생각했죠. 시노야마 기신의 작품 가운데 가장 인기 있는 사진은 1980년대 아이돌 스타 사진이라는 사실도 알게 되었고요. 약시 환자 연령대가 대부분 50-70세이기 때문입니다. 60세의 약시 환자분께 아마구치 모모에의 사진집이 있다고 말해 보세요. 호기심이 생겨 한번 펼쳐 볼 겁니다. 인터뷰와 사전 조사를 통해 우리는 중요한 사실을 깨달았죠. 관건은 약시 환자가 '무엇을 볼 수 있는가'가 아니라 '무엇을 보고 싶어 하는가'였어요. 이 원칙에 기초해 우리는 되도록 그분들이 보고 싶어 하는 책을 골랐습니다. 한신대지진이 일어나기 전 고베의 모습을 담은 사진집, 1980년대에 한신 타이거스가 우승을 차지했을 때 사진집 같은 책이었죠.

완전 실명 환자를 위한 책으로는 오디오북을 많이 골랐습니다. 점자를 읽을 수 있는 환자분이 갈수록 줄고 있었거든요. 단순한 읽을거리는 되도록 피하고, 향기 나는 책도 비치했습니다. 보이지 않는다는 사실 때문에 그분들은 일반인과 다른 세계에서 생활해야 하는데, 저는 책에서 이런 체험을 만나게끔 돕고 싶었습니다.

각각의 장소에 적합한 책을 어떻게 찾아내죠?

어떤 기준으로 책을 고르나요?

일단 제가 봐서 재미있는 책입니다. 그리고 사전 조사 단계에서 여러 사람에게 어떤 책을 읽고 싶은지 물어본 다음, 제가 추천하고 싶은 책과 비교하며 균형점을 찾습니다. 저는 일단 한 권의 책을 볼 한 사람의 독자를 찾는 일이 매우 중요하다고 생각합니다. 현대 사회에는 함께 즐기기가 가능한 오락이 많지만, 독서는 다릅니다. 대단히 개인적인 일이죠. 모두가 좋아하는 한 권의 책을 찾기란 거의 불가능해요. 설령 그런 책이 있다 해도 위험하지 않을까요? 어떤 의미에서는 사상 지배라고도 볼 수 있거든요. 책의 가장 큰 가치는 바로 다양성입니다. 같은 책을 읽어도 다들 다르게 느끼고 다른 생각을 하죠. 모든 사람이 감동을 느끼고 눈물을 흘리는 책이 있다? 오히려 저는 불편하게 느껴집니다. 그래서 많은 사람이 선호하는 책인지 아닌지는 제가 책을 고르는 기준이 아니에요. 저는 여러 가지 스타일, 다양한 내용의 책을 엮어서 독자가 스스로 선택하도록 합니다.

　　**쓰타야 도쿄 롯폰기의 책 선정도 담당했죠. 그때는
　　어떤 식으로 작업했나요?**

만화책과 베스트셀러는 많이 넣지 않았어요. 쓰타야는 새로운 라이프스타일을 제안하고자 했고, 이 생각은 오늘날 쓰타야 브랜드 이미지의 골격이 되었죠. 여러 차례의 토론과 인터뷰를 거쳐 우리는 서가를 여행, 예술, 음식, 디자인 4개 영역으로 나누기로 했습니다. 물론 전적으로 이 4개 영역에 한정되는 것은 아니고 다른 카테고리의 책을 더하는 일이 중요했어요. 제가 '책장 편집'이라고 부르는 일이죠. 예컨대 인도 여행을 주제로 삼는다면, 대부분의 서점과 도서관에서는 단지 여행안내서와 지도, 여행 에세이 같은 책을 넣죠. 그러나 쓰타야 롯폰기점의 서가는 그렇게 하지 않았어요. 인도 여행 코너에 프랑스 사진가 앙리 카르티에 브레송의 인도 사진집을 넣었습니다. 보통은 예술 서가에 들어갈 책이죠. 또 이탈리아 작가 안토니오 타부키의 소설 『인도 야상곡』, 일본 사회학자 오구마 에이지의 르포 『인도 일기—소와 컴퓨터의 나라』インド日記─牛とコンピュータの国から, 인도를

책은 음식이나 물과 달라 수요가 없는 곳에 두면 아무 의미가 없다. 어떻게 수요가 있는 곳에 가장 멋진 서가를 만들어 낼 것인가? 북큐레이션에서는 이 점이 가장 중요하다.

무대로 한 데즈카 오사무의 만화『붓다』등을 배치했죠.

**방금 '책장 편집' 얘기가 나왔는데요, 어떻게 한 서가에
여러 가지 카테고리의 책을 배치할 생각을 했죠?**

두 가지 이유가 있습니다. 첫째는 저 자신이 문학책을
좋아하기 때문입니다. 그런데 쓰타야 롯폰기점에는 문
학 서가가 따로 마련되지 않았잖아요. 그래서 다른 서가
에 소설을 편집해 넣을 방법이 필요했죠. 두 번째 이유
는 지금은 다들 아주 쉽게 온라인에서 이미 알거나 들어
본 책을 살 수 있기 때문입니다.

저는 이상적인 서점이란 독자가 알지 못했던 책을
만나게 해 주는 곳이어야 한다고 생각합니다. 독자가 책
을 뽑아 들게 만들고, 독자를 위해 놀라움을 창조해 내
고, 독자가 책과 우연히 만날 기회를 줄 수 있어야 해요.
그러려면 익숙한 일상을 뛰어넘는 무언가를 제공하고,
낙차를 만들어야 하는데, 저는 이것을 '긍정적 좌절'이
라고 부릅니다. 여행 서가에서 여행안내서, 지도, 여행
에세이 등을 보고 있는데 만화 한 권이 툭 튀어나온다
면? 아마 이런 반응부터 나오겠죠. '이 서가에 어떻게 이
책이 있지?' 이런 심리적인 낙차는 호기심을 일으키고,
우리를 흥분시키죠. 저는 훌륭한 서가는 이걸 해낼 수
있어야 한다고 봅니다.

북큐레이션을 하면서 가장 어려웠던 문제는 뭔가요?

어떻게 해결했죠?

역시 책을 싫어하는 사람을 위한 큐레이션이 가장 어려웠어요. 요코하마 다카기여자고등학교 도서실을 위해 사전 조사를 하러 갔을 때, 어떤 학생은 아예 책을 읽지 않는다고 대놓고 말하기도 했어요. 그래서 최대한 학생이 흥미로워할 만한 화제를 찾았습니다. 학생들은 애니메이션에 관심이 많았어요. 몇몇 학생이 줄곧 '페이트'Fate 시리즈*를 이야기하는 걸 듣고 돌파구를 찾았죠. 이 애니메이션과 관련 있는 책을 찾아냈어요. 또 학생들이 좋아하는 디저트 관련 책도 골랐고요. 요컨대 그곳을 이용하는 사람의 관심 분야에서 시작해 관련 도서를 찾는 것이 제 해법입니다.

독자 수요와 의뢰인 수요 가운데 어느 것을 더 중요하게 여기나요?

전적으로 그 공간을 찾는 독자에 맞춰 책을 고릅니다. 북큐레이션을 의뢰하는 고객은 우리와 함께 일하는 동료라 할 수 있죠. 우리는 독자 수요를 충족시키는 기초 위에 보다 잘 팔릴 수 있는 책을 선택합니다. 결국은 비즈니스 협력이니까요.

---

* '성배 전쟁'을 주제로 한 시뮬레이션 게임에서 시작된 시리즈. 치밀한 스토리를 바탕으로 막강한 팬덤을 형성하며 애니메이션, 만화, 라이트노벨 등 파생작품이 계속해서 나오고 있다.

서점 말고도 바흐는 미술관, 병원, 가구점, 공항 등 책과 별 상관이 없어 보이는 곳에도 책을 가져갔어요. 그쪽에서 요청해 온 건가요, 아니면 바흐에서 큐레이션 제안을 한 건가요?

상대방이 요청해 왔습니다. 책은 음식이나 물과 달라 수요가 없는 곳에 두면 아무 의미가 없지요. 어떻게 수요가 있는 곳에 가장 멋진 서가를 만들어 낼 것인가? 북큐레이션에서는 이 점이 가장 중요합니다. 바흐를 설립한 지 13년이 되었는데요, 저희는 마케팅 부서가 따로 없고 지금까지 어떤 마케팅 활동도 한 적이 없어요. 지금 직원이 모두 5명이지만 더 늘릴 계획도 없고요. 우리의 목표는 작업량을 줄이더라도 각 프로젝트의 정밀도와 품질을 향상시키는 겁니다.

"어떤 내용이나 어떤 책을 상대방에게 전달할 때는 보다 친절하고 이해하기 쉽게 표현해야 한다. 날카롭고 고고한 지식인의 태도로는 책의 매력을 보다 많은 사람에게 알릴 수 없다." 이시카와 지로 선생이 한 이 말에 큰 영향을 받았다고 했죠. 왜죠? 어떻게 하면 '보다 친절하고 이해하기 쉽게' 책을 상대방에게 전달할 수 있을까요?

아오야마북센터에서 근무할 때만 해도 저는 융통성 없는 히키코모리였어요. 뭔가에 호기심이 생기면 깊이 빠져들어 탐구하길 좋아했죠. 이시카와 선생님 말씀을 저

서점에 규모 효과란 존재하지 않는다. 우리는 고객에게 이 서점이 많은 책을 보유하고 있다는 사실을 알리려는 게 결코 아니다. 고객이 서점에 있는 많은 책 가운데 어느 한 권에 흥미를 갖게 해야 한다.

는 이렇게 이해했습니다. 제가 하는 일은 책을 더 많은 곳으로 가져가는 것, 더 많은 사람이 책을 만날 기회를 만드는 것이라고요. 시각장애인을 위한 북큐레이션이라면 전문성이 있어야겠다는 생각이 들죠? 그런데 병원은 하나의 공공시설이에요. 환자뿐 아니라 일반인도 그곳에 있는 책을 좋아하도록 만드는 것, 이것이 바로 우리가 하는 북큐레이션의 기초입니다. '보다 친절하고 이해하기 쉽게' 책을 전달하기 위해 저는 어떤 의도로 이 책을 골랐는지 사람들에게 알리는 방법을 궁리합니다. 책 옆에 책 제목과 짧은 설명을 적은 작은 카드를 놓기도 하는데, 글자체나 글자 크기에도 신경을 많이 씁니다. 예컨대 장소가 병원이라면 글자 크기를 좀 더 키우죠.

중국 서점에도 가 봤나요? 중국 서점과 일본 서점은 어떤 점이 다른가요? 개선해야 할 점이 있다면요?

올해 마침 상하이에 있는 중수거수뎬鐘書閣書店에 다녀왔습니다. 규모도 크고 책 종류도 아주 많더군요. 그런데 중국 서점에서는 책꽂이에 똑같은 책을 여러 권 같이 놓더라고요. 일본 서점이라면 독자의 눈길을 끌기 위해 그 작가의 다른 작품을 함께 진열하는 방법을 썼을 텐데, 중국 서점에서는 규모를 자랑하는 것이 상당히 중요해 보였습니다. 사실 저는 서점에 규모 효과란 존재하지 않는다고 봅니다. 우리는 고객에게 이 서점이 많은 책을 보유하고 있다는 사실을 알리려는 게 결코 아니니까요.

고객이 서점에 있는 많은 책 가운데 어느 한 권에 흥미를 갖게 해야죠. 중국 서점에서도 책 한 권을 독자에게 보다 잘 전달하기 위해 좀 더 공을 들일 필요가 있지 않을까 생각합니다.

앞으로 책과 관련된 재미난 계획이 있나요?

아주 많지요. 2018년 여름에 일본 야마가타현 쓰루오카의 논밭 한가운데에서 쇼나이 호텔 수이덴 테라세가 개장합니다. 건축가 반 시게루가 설계한 호텔이죠. 오늘 바로 쇼나이 호텔의 도서 공간 큐레이션을 위한 회의가 있었어요. 또 일본 문화를 알리기 위한 외무성의 재팬하우스 프로젝트가 런던에서 6월에 열리는데, 그곳의 북큐레이션도 준비하고 있습니다. 신주쿠에 있는 백화점 다카시마야의 가방 코너에 설치할 작은 서가도 맡았고요. 얼마 전에 폐교한 교토 릿세이초등학교에 릿세이 도서관이 생겼는데 그곳의 책 선정도 돕고 있죠. 릿세이초등학교는 2020년에 호텔과 문화 공간으로 거듭날 예정이고 그곳에 비치할 책도 준비할 겁니다.

하바의 독서 습관

한 달에 책을 몇 권이나 읽죠? 하루 독서 시간은 어느 정도인가요?

몇 권이나 읽는지 세어 본 적은 없지만, 하루에 적어도 세 시간은 책을 읽습니다.

어떤 식으로 책을 읽죠?

병독을 합니다. 동시에 여러 권을 읽어 나가는데 그날그날 기분에 따라 어떤 책을 읽을지 결정하죠. '오늘은 갑자기 고기가 막 당기는군', '위가 좀 불편하니 내일은 좀 담백한 음식을 먹어야겠어' 이런 식으로요. 아무튼 가장 좋은 독서 방법은 자기 자신이 느끼기에 부담이 없는 방식이에요.

서점에 가면 어떤 식으로 책을 사나요?

서점에 갈 때는 가방에 너무 많은 물건을 넣지 않고 60퍼센트만 채워요. 책을 고르기 전에 일단 화장실부터 다녀오고요. 사냥하러 나가는 자세라고 할까요. 요즘 일본에서는 실패나 실수를 특히나 꺼리는 분위기입니다. 밥을 먹으러 식당에 가든, 책을 사러 서점에 가든 인터넷에서 미리 순위와 평가를 체크하곤 하죠. 저는 책의 순위에는 별로 관심이 없어요. 그저 직감으로 재미있을 것 같은 책을 찾아 나섭니다. 책은 효과를 즉시 내는 물건이 아니에요. 씨앗처럼 뿌려 놓으면 언젠가 결국 꽃을 피우죠. 그러니까 책을 사는 일은 성공이다 실패다 할 만한 일이 아닙니다. 이 책을 살까 말까 하는 마음이 들면, 저는 일단 사고 봅니다.

'가장 좋은 서점'은 당신이 사랑하게 된 서점이다

글·사진 = 판니커
신현실주의 여행 입문자
/ 베이징

책 읽기와 마찬가지로 서점을 둘러보는 일도 본질적으로 지극히 사적인 경험이다.

내 생각은 이렇다. 내가 어디에 있든지, 가 봤던 서점이든 새로운 서점이든 신이 나서 들어가는 가장 중요한 이유는 책 자체의 유혹 때문이다. 책의 매력이 크면, 서점의 좋고 나쁨을 판단하는 능력은 사라지고 만다. 내 취향에 맞는 책이 모여 있는 서점을 만나면 정말 오래간만에 벗을 만난 기분이다. 거기에 분위기가 조용하고 우호적이며, 책을 사지 않고 한참을 돌아다니며 뒤적여 보아도 직원이 눈치를 주지 않는다면, 이 서점이 바로 내게 좋은 서점이다. 나라마다 도시마다 제각각 다른 서점의 모습을 보는 것도 기분 좋은 일이다. 같은 도시의 서점이라도 저마다 다르다.

프랑스 파리만 보아도 특색 있는 서점이 참으로 많다. 1구에는 여행 관련 책만 파는 서점이 있고, 마레 지구에는 성소수자를 주제로 한 서점이 있다. 또한 박물관이나 미술관마다 세트처럼 서점이 있다. 대부분 그 시대의 예술서적 위주이지만, 골라 놓은 책을 보면 서점마다 차이가 뚜렷하다.

한편으로는 서점끼리 미묘한 연관이 있기도 하다. 파리의 셰익스피어앤드컴퍼니Shakespear and Company와 샌프란시스코의 시티라이트북스토어City Lights Bookstore가 전형적 사례다. 시티라이트의 창립자 로런스 펄링게티는 셰익스피어앤드컴퍼니의 단골손님이었다. 그래서인지 이 두 서점은 인테리어는 물론 서가의 책에서 풍기는 느낌도 꽤 비슷하며, 망망대해를 사이에 두고 마주 보는 두 개의 등대처럼 각각 그 세대 젊은이와 지식인에게 깊은 영향을 끼쳤다.

동남아시아에서 남아시아로 가는 배낭여행객의 인기 코스에는 여행자를 상대하는 수많은 서점이 있다. 나는 여행길에 늘 이들 서점에 들러 시간 가는 줄 모르고 책에 빠져든다. 이들 서점에서는 세계 각지의 여행자가 남기고 간 헌책을 볼 수 있는데 통속 베스트셀러뿐 아니라 깊이 있는 책도 많이 만난다. 서점 주인은 여행자

가 내놓는 책을 다 사들인다. 혀를 내두를 정도로 헐값에 사서 내키는 대로 가격을 매겨 팔지만, 여기서 책을 사면 보통 실속 있게 잘 샀다는 생각에 뿌듯하다. 이곳에서는 온갖 언어로 된 책을 만나는 것이 당연하고, 내가 좋아하는 작가의 원서를 우연히 만나면 해독은 못해도 기쁨을 금할 수 없다. 이 서점들은 그 지역의 작은 문화 교류 창구 역할을 한다. 세계 각지에서 온 이 책들 덕분에 생면부지의 여행자 사이에는 생각지 못했던 정신적 연결고리가 미약하게나마 생겨난다.

인도와 파키스탄에서는 현지인에게 책을 파는 일반 서점을 둘러보았다. 인도아대륙에서 서점을 한다는 것은 그냥 평범한 일이며 대대로 꾸려 가는 생업일 때도 있다. 너무 많은 이상과 감성으로 지탱하는 일이 아니다. 이곳 서점은 대부분 평범하고, 매우 오래되어 보인다. 책장과 책에서 세월의 냄새를 한껏 풍기는 서점도 종종 있다. 갖춰진 책을 봐도 별다른 특색이 없다. 기껏해야 지역 주민의 취향에 따라 조금씩 다를 뿐 다들 비슷비슷하다. 중국의 국영서점 신화수뎬新華書店 같은 모습이랄까. 굳이 특이한 점을 꼽자면 이곳에서는 신간, 중고책, 해적판을 다 같이 놓고 파는데도 아무도 불법 행위라고 여기지 않는다. 아마도 이런 순박하고 직설적인 모습이 내 마음을 끄는 부분일지도 모른다. 물론 서점 안에서 좋은 책을 찾을 수 없다는 뜻은 결코 아니다. 운이 좋으면 옛 식민지 개척자가 남긴 케케묵은 고서를 발견할 수 있으며, 실제로 고서가 꽤 있다.

문화적 분위기가 물씬 풍기는 도시를 보면 대개 서점이 모여 있는 거리나 구역이 있다. 캘커타의 대학가, 도쿄의 진보초역, 파리의 소르본대학 주변 등이다. 길을 걷다가 시야를 넓혀 보면 온통 서점, 심지어 온통 책만 보이는 느낌이 참 묘하다. 굳이 자세히 살펴볼 필요는 없다. 캘커타 대학가에는 손바닥만 한 책방이 다닥다닥 붙어 있고 책방마다 책이 가득 쌓여 있었지만, 그 책이란 인근 대학생이 보는 해적판 교재 일색이었다. 명성에 혹해 가 봤다가 실상에 실망해 발길을 돌리고 말았다. 결국 배낭여행객이 많이 모이는 공원 쪽 거리로 돌아왔다. 그곳에야말로 가지각색 헌책방과 노점이 있었다.

외국에서 서점 구경을 하다 보면 여행과 똑같은 문제에 부딪힐 때가 있다. 인도와 파키스탄에서는 영어도 공식어이기 때문에 현지 서점에도 영어로 된 책이 많다. 하지만 몇몇 국가에서 서점 탐방을 할 때는 언어 때문에 가로막히기도 한다. 도쿄 진보초역과 파리 소르본대학 주변이 그렇다.

진보초역도 신기한 곳이다. 그리 길지도 넓지도 않은 거리인데 뜻밖에도 각양각색 서점이 들어서 있다. 만화, 예술, 문학, 고서적, 성인물, 외국어 등 주제와 내용도 굉장히 다양하다. 빽빽이 밀집된 정보량에 흠칫 뒷걸음치게 될 정도다. 수많은 고서점은 대부분 몸을 돌리기 힘들 만큼 비좁아, 책 한 권만 파는 모리오카쇼텐으로 순간이동하고 싶은 마음까지 든다.

또 세계 각국의 국제도시를 가 보면 외국어 서점도 많이 눈에 띈다. 현지 거주 외국인과 해외 체류 경험이 있는 내국인이 주 고객이며, 서점 인테리어를 봐도 책의 종류를 봐도 특징을 꼬집어 말하기가 힘들다. 이집트에 있을 때 한 현지인이 내게 이런 농담을 했다. "이 서점들은 사실 모두 반스앤드노블의 지점이에요." 이들 외국어 서점은 지역색이 옅지만, 문화 차이로 어려움을 겪는 외국인에게는 훌륭한 피난처가 되어 준다.

그러니까 내가 보기에는, 많은 서점이 그 모습 그대로 충분히 좋다. 하지만 그들은 생존 위기에 몰려 폐업하거나 끊임없이 변화해야 했다. 나 자신도 이에 책임이 있을 것이다. 몇몇 서점에서는 책이 오히려 다른 물건의 부속물처럼 보이고, 지금 새로 문을 여는 많은 서점도 갈수록 대형 백화점의 부속품처럼 되어 간다.

1 더블유에이치스미스(WHSmith)

웹사이트	whsmith.fr
주소	248 Rue de Rivoli, 75001 Paris, France
영업시간	9:30–19:30
전화	+33 1 44 77 88 99

영국계 체인서점인 더블유에이치스미스 파리 분점은 파리에서 가장
유명한 영어 서점으로 꼽힌다. 파리 1구 리볼리가에 있으며 튈르리
공원과 마주 보고 있다. 이 서점은 두 층으로 나뉘는데 1층에는 문학,
예술, 문화, 정치, 역사 등 다양한 분야의 읽을거리가 있고, 2층에는
아동물과 문구류, 카페가 있다. 많은 관광객이 찾아오는 명소라서
서점에 들어서서 위쪽으로 고개를 돌리면 프랑스 여행 관련 책자가
진열된 모퉁이가 보인다. 또 각국 지식인이 파리를 관찰하고 묘사한 책을
모아 놓은 공간도 있다. 나는 서점에 갖춰진 잡지를 보고 가장 놀랐다.
『타임』이나 『이코노미스트』부터 마이너 잡지, 듣도 보도 못한 갖가지
문화예술 독립잡지에 이르기까지 없는 것이 없었다.

2 리브레리 부아야죄 뒤 몽드(Librairie Voyageurs du monde)

웹사이트	voyageursdumonde.fr/voyage-sur-mesure/divers/librairie
주소	48 Rue Sainte-Anne, 75002 Paris, France
영업시간	9:30–19:00
전화	+33 1 42 86 17 38

이 서점은 '부아야죄'(Voyageur)라는 이름 그대로 여행을 주제로 한
서점이다. 이 서점의 주인은 바로 맞은편에 자리한 고급 여행사 부아야죄
뒤 몽드(Voyageurs du monde)이다. 그 덕분에 이 서점이 땅값 비싸기로
유명한 파리 1구 생트안 거리에 한 자리 차지할 수 있었으리라. 자체
발간 잡지 『바캉스』(Vacance)가 고객에게 무료로 배포되고, 여행 관련
책만 파는 특성을 살려 서가는 대륙별로 나뉜다. 1층 입구 쪽에서는
세계 각지의 다양한 공예품을 판매하고, 2층에 올라가면 책뿐 아니라
멋진 지도와 지구본도 살 수 있다.

3   셰익스피어앤드컴퍼니(Shakespeare and Company)

웹사이트	shakespeareandcompany.com
주소	37 Rue de la Bûcherie, 75005 Paris, France
영업시간	10:00–22:00
전화	+33 1 43 25 40 93

오늘날 셰익스피어앤드컴퍼니는 전 세계 문학청년이 파리에 가면 꼭
들르는 관광 명소가 되었지만, 파리에서 만난 젊은 지식인은 나에게
"그리 대단한 곳은 아니에요"라고 딱 부러지게 말했다. 서점이 늘 붐비는
것은 사실이지만, 나에게는 여전히 드넓은 책의 바다를 마음껏 헤엄칠 수
있는 좋은 장소였다. 특히 1960–1970년대를 살아간 젊은 세대와 취향이
비슷하다면 이 서점이 딱이다. 2층에는 책 말고도 피아노 한 대가 놓여
있는데, 누군가 피아노 앞에 앉아 흥겹게 건반을 두드리기 시작하면
소란하던 서점이 일순간 조용해진다.

4   레 모 아 라 부슈(Les Mots à la Bouche)

웹사이트   motsbouche.com

주소   6 Rue Sainte-Croix de la Bretonnerie, 75004 Paris, France

영업시간   1:00–23:00

전화   +33 1 42 78 88 30

이 서점은 패션의 거리 마레 지구에 있다. 파란색 전면이 눈에 확 띄지만, 서점으로 들어가 보면 책이나 인테리어가 여느 서점과 크게 다를 바가 없다. 그러나 이대로 떠나면 구석에 있는 계단을 놓치게 된다. 이 서점의 진정한 매력이 모두 숨어 있는 지하실로 통하는 계단이다. 계단을 내려가면 갑자기 조명이 어두워지면서 보물을 숨겨 두는 지하 동굴과 똑같은 공간이 나타난다. 그리고 그곳은 성소수자에 관한 출판물, 서적, 포스터, 화집, 영상물 등으로 꽉 차 있다. 어쩐지 쇼윈도에 작고한 중국 컬트 사진작가 런항의 작품집이 있더라니.

5   리브레리 갈리냐니 (Librairie Galignani)

웹사이트   www.galignani.com
주소   224 Rue de Rivoli, 75001 Paris, France
영업시간   10:00–19:00
전화   +33 1 42 60 76 07

더블유에이치스미스에서 리볼리 거리를 따라 동쪽으로 200미터쯤
걸어가면, 이 거리에 있는 또 다른 유명한 서점 갈리냐니가 나온다.
1801년에 문을 연 이 서점은 파리 최초의 영어 서점으로 한눈에 보아도
고풍스럽다. 높직한 서가와 함께 있는 사다리가 서점 전체에 연륜을 더해
주며, 장서 또한 근처의 더블유에이치스미스보다 한층 엄숙해 보인다.

6   게코북스(Gekko Books)

웹사이트	www.gekkobooks.com
주소	2/6 Chang Moi Kao Road Muang Chiang Mai 50300, Thailand
영업시간	10:00~19:00
전화	+66 91 745 6971

타이의 고도(古都) 치앙마이는 큰 도시는 아니지만 해외 관광객이 많이 찾는 덕분에 서점이 꽤 있고, 특히 여행자가 책을 교환하는 헌책방이 많다. 게코북스는 그중 가장 명성이 높은 곳으로 치앙마이 옛 시가지의 랜드마크인 타페문 근처에 있다. 여느 헌책방과 달리 공간을 신경 써서 꾸몄으며 신간 서적도 다양하게 갖추고 있다. 책 선정에 주의를 기울인 흔적이 역력해 현지 지식인에게도 사랑받는 곳이다.

7.   샴엠북(Shah M Book Co)

웹사이트	shahmbookco.com
주소	12, Charahi Sadarat, Kabul, Afghanistan
영업시간	8:00~18:00
전화	+93 (0) 700 276 909

1974년에 문을 연 이 서점은 현재 아프가니스탄에서 가장 큰 서점이자 출판사이다. 카불 도심에 있는 샴엠북의 외관은 매우 낡고 허름하며, 판매하는 포스터와 엽서는 인쇄 상태가 조잡하거나 누렇게 바래 있다. 그러나 이 서점이 보유한 책을 보면 실망감이 사라진다. 아프가니스탄의 종교·역사·문화에 관한 책과 화집이 가득할 뿐 아니라 당대 아프가니스탄의 사회 문제와 정세를 묘사하고 분석한 저작도 적지 않다. 온갖 고난과 시련을 겪고 침체되어 있는 아프가니스탄에서 이 서점은 희귀하고도 중요한 정신적 등대임이 틀림없다.

8.   아폴로북스（Apollo Books）

주소   150 Fisherman Colony, Othavadai Street,
      Mahabalipuram, Tamil Nadu 603104, India
영업시간 9:30-21:30
전화   +91 98403 64422

이 서점은 인도 타밀나두주의 바닷가에 있는 작은 도시 마하발리푸람에
있다. 여행자를 위한 헌책방이면서 현지인에게 타밀어 서적과 문구를
파는 서점이기도 하다. 아주 작고 특별해 보일 것도 없는 곳이지만,
서점 자체보다 나를 끌어당긴 것은 바로 사장 자신의 이야기였다.
그는 자기 이름이 아폴로지만 힌두교도라고 했다. 그런데 아내는
무슬림이었고, 역시나 이 결혼은 각자의 전통을 크게 거스르는 것이었다.
발리우드 영화의 전형적인 갈등처럼 두 사람은 양가 부모의 격렬한
반대에 부딪히고 강제로 헤어지고 사랑의 도피를 약속하고 고된 싸움을
거쳐 결국 결혼을 허락받았다. "그렇게 힘든 일을 많이 겪고, 이제 금슬
좋은 부부가 되어 행복하게 사시겠네요." 내 말에 그가 쓴웃음을 지으며
대답했다. "결혼이란 건, 알잖아요. 오래 살다 보면 어떻게 되는지."

9.   옥스퍼드북스토어（Oxford Bookstore）

웹사이트 www.oxfordbookstore.com/oxford-bookstore-kolkata
주소   17 Park St, Taltala, Kolkata, West Bengal 700016, India
영업시간 11:00-21:00
전화   +91 33 2229 7662

옥스퍼드북스토어는 인도에서 가장 크고 유명한 체인서점이다. 1920년
콜카타에 처음 문을 열었으며 지금은 인도 30개 도시에 지점이 있다.
이름은 '옥스퍼드'지만 영국 옥스퍼드대학과는 털끝만 한 관련도 없는
토박이 인도 기업이다. 서점 설립 당시 옥스퍼드대학 출판부에서
법적 시비를 따지기도 했다. 콜카타 도심의 공원 거리에 있는
옥스퍼드북스토어 본점은 개장 직후부터 지금까지 이 도시의 중요한

문화 랜드마크다. 여느 서점보다 책 선정에 신경을 많이 쓰고, 종류와
수량도 풍부하며, 인테리어는 인도 서점 가운데 최고라 할 수 있다.
서점 2층에는 카페와 개방된 독서 공간이 있다. 옥스퍼드북스토어는
독자가 인도 작가나 해외 작가와 교류할 수 있는 콜카타 최고의
공간이기도 하다.

10.　　디완북스토어(Diwan Bookstore)

웹사이트	www.diwanegypt.com
주소	159, 26th July St., Zamalek, Cairo, Cairo Governorate 11568, Egypt
영업시간	9:00~23:30
전화	+20 2 27362582

2002년에 문을 연 디완북스토어는 이집트에서 가장 품격 있는 서점으로
꼽힌다. 현재 카이로에 5개 지점이 있으며, 플래그십 스토어는 나일강
중류 게지라섬의 북부인 자말렉 지구에 있다. 자말렉은 카이로 상류층이
모여 사는 구역으로, 여기에 있는 서점이라면 당연히 다른 지역 서점보다
뒤떨어질 수가 없다. 고상하고 세련된 분위기에 영어 서적을 다양하고
풍부하게 갖춰 현지 지식인의 아지트와 같은 곳이다.

독립서점을 운영한다는 것은
이상이기에 앞서 장사다.

Q5

독립서점은 어떻게
자신의 문화정신을 유지하는가?

시티라이트북스토어(**City Lights Bookstore**)

주소	261 Columbus Ave., San Francisco, CA
영업시간	10:00–24:00
전화	+1 415 362 8193

시티라이트

: 　　복제할 수 없는 모델이자

도시정신의 증인

글 = 리룽후이 ＋ 사진 = 캐시 웨

금요일 저녁을 좌표 삼아 미국 샌프란시스코의 문화와 생활을 살펴보려 한다면, 브로드웨이와 콜럼버스 애비뉴가 만나는 교차로는 괜찮은 선택이다. 동쪽으로는 술집과 스트립바, 네이키드 런치*라는 샌드위치 레스토랑이 있어 젊은 세대가 주말을 즐기러 몰려든다. 북쪽 노스비치는 이탈리아계 이민자가 모여 사는 리틀이탈리아 지역으로 보다 고풍스러운 분위기다. 마크 트웨인과 헤밍웨이도 이곳을 찾았었다. 서쪽은 차이나타운으로 광둥어와 표준어 간판이 뒤섞인 크고 작은 중국 식당이 보이고, 새로 생긴 식당 하나는 중국 음식점의 이미지를 바꾸려 애쓰는 듯한 모습이다. 골드러시 이후 이곳은 북미에서 가장 큰 차이나타운이 되었다. 남쪽은 금융 지구로, IT 기업과 금융 기업이 각축을 벌이듯 뒤엉켜 있다.

　이렇듯 제각기 특색이 뚜렷한 구역과 도시 생활자로부터 공통된 화제를 불러내는 응집점이 하나 있다. '네이키드 런치'를 스마트폰으로 검색하거나 점원과 이야기를 나눠 보면 어떤 책의 제목에서 따온 이름임을 알게 될 것이다. 리틀이탈리아와 차이나타운이 만나는 곳에는 홍콩식 레스토랑이 하나 있다. 레스토랑 입구에, 정확히 말하자면 공중에 책들이 펼쳐진 채 걸려 있고,

---

* 윌리엄 S. 버로스의 실험주의 소설 『네이키드 런치』는 샌프란시스코에서 꽃피운 비트 문학의 대표작으로 1991년 영화로도 만들어졌다. 노스비치에서 10년간 영업하던 네이키드 런치 레스토랑은 2019년 6월에 문을 닫았다고 한다.

바닥에는 'Freedom', 'Poetry'라는 말이 새겨져 있다. 너무 안 어울리는 조합이라고? 단정하기는 이르다. 이 책들은 사실 조명이다. 저녁에 불이 켜지면 큰길을 건너가 보자. 그 책들이 속한 곳이 나타날 것이다. 바로 이 교차로의 중심인 시티라이트북스토어다.

도시의 빛, 시티라이트북스토어는 하나의 문과 같다. 샌프란시스코를 알고 싶은가? 어서 문을 열고 들어가 보자.

금요일 밤인데도 이 서점에는 손님이 끊이지 않고 드나든다.

샌프란시스코 도시정신의 상징이라고 알려져 있기에 관광객도 꽤 많이 찾아온다. 아무튼 이 서점은 한밤중까지 문을 연다. 저녁을 먹고 나온 주민들은 이곳에서 책을 보며 누군가를 기다리거나, 책을 사고 나서 점원과 잡담을 나누기도 한다. 다만 큰 소리를 내면 좀 곤란하다. 계단을 오르내리다 삐걱대는 소리를 낸다면 도서관에서 쩝쩝대는 소리를 낸 것처럼 겸연쩍을 것이다.

시티라이트북스토어의 구매 담당자 폴 야마자키는 일본계 미국인이다. 그는 평생을 시티라이트에서 일해왔다. "사람들이 시티라이트가 서점인지 도서관인지 헷갈려한다는 말을 들으면 로런스가 무척 좋아할걸요."

로런스는 시티라이트북스토어의 설립자 가운데 한 사람인 로런스 펄링게티를 가리킨다. 그는 벌써 99세의 고령으로 서점에는 매우 드물게 나타난다. 젊은 서점원은 일하면서 로런스를 본 적이 거의 없지만 그의 흔적은 서점 곳곳에 남아 있다. 1층과 2층 다락방 사이의 벽에는 "Via Ferlinghetti"(펄링게티 경유)라는 표지판이 붙어 있다. 2층 '시의 방'Poetry Room에 있는 작은 탁자에는 로런스 자신의 시집이 놓여 있다(그렇다, 그는 시인이자 화가다). 시집의 표지는 그의 사진이다. 다른 곳에는 로런스와 시인 앨런 긴즈버그가 함께 찍은 사진이 있다. 이제 곧 서가에 있는 두 사람의 서신집을 보게 되리라.

"로런스 펄링게티의 경영 철학은 사람들에게 책을 읽을 장소를 마련해 주는 것이었죠. 그 김에 책을 사면 더없이 좋은 거고요." 야마자키는 '사랑의 여름'summer of love* 운동이 일어난 1967년에 샌프란시스코에 왔는데, 그때는 자신이 히피 운동이나 시티라이트북스토어와 어떤 인연이 생기리라고는 상상도 못했다고 했다. 그는 학생들이 조직한 베트남전 반전 시위에 참가했다가 체포

샌프란시스코 도시정신의 상징이 되기에 앞서, 시티라이트는 양장본 위주의 도서 시장부터 뒤엎었다.

---

* 1967년 여름, 기성 체제와 주류 문화를 거부하는 젊은이 10만여 명이 샌프란시스코 골든게이트 공원에서 벌인 대규모 히피 운동.

되어 옥살이를 했고, 출소 뒤에 친구를 통해 로런스를 소개받았다. 때는 이미 1970년, 그때부터 시티라이트에서 파트타임으로 일하기 시작해서 지금에 이르렀다.

현재 시티라이트북스토어의 구매 책임자이자 중심 인물이 된 폴 야마자키는 비록 몸소 겪지는 않았어도 자기 삶의 일부가 된 시티라이트북스토어의 창립 이야기를 자랑스럽게 전한다. 야마자키와 로런스는 지금까지도 함께 점심을 먹고 커피를 마신다.

로런스 말고도 시티라이트에는 또 한 명의 창립자가 있다. 피터 마틴이다. 원래 뉴욕에 살던 그는 1940년대에 샌프란시스코에 와서 학생을 가르쳤다. 그러면서 미국 최초의 팝문화 잡지를 창간하고 찰리 채플린의 영화 제목 『시티라이트』를 잡지명으로 삼았는데, 잡지 경영 문제도 해결할 겸 서점을 열기로 했다. 양장본이 주류이던 시대에 좀 다른 것을 해 보고 싶었던 그는 콜럼버스 애비뉴 261번지에 있는 점포를 빌려 날마다 답 없는 사업 구상에 골몰했다.

이느 날 저녁, 프랑스어 교사이자 시인, 화가인 청년 로런스가 화실에서 퇴근하는 길에 콜럼버스 애비뉴 261번지를 지나가게 되었다. 로런스는 들어가서 피터에게 자기소개를 했고, 그렇게 두 사람은 친구가 되었다. 피터는 『시티라이트』 잡지에 로런스의 시를 싣기도 했다.

두 청년은 서점 창업 계획을 의논했다. 피터는 양장

본보다 페이퍼백과 포켓북이 괜찮은 아이템이라고 보았다. 로런스는 예술가의 시선에서 볼 때 대부분 중산층과 상류층 수요에 맞춰진 유명 서점에는 젊은 시인과 예술가가 설 자리가 없다고 여겼다. 그는 신진 예술가를 지지하고 싶었다. 그래서 두 사람은 각각 500달러씩 투자해 서점을 시작하며 대담한 결정을 내렸다. 우리 서점에서는 값싼 페이퍼백만 팔자.

공개된 자료와 폴 야마자키의 회상에 따르면, 피터와 로런스가 이런 결정을 내린 1953년 미국에는 페이퍼백만 파는 서점이 없었다. 영국 펭귄그룹 창립자 앨런 레인이 미국에 펭귄그룹 지사를 낸 1939년은 이보다 십수 년 전으로, 훗날 페이퍼백 출판 시대를 연 미국인 지사장 이언 밸런타인은 펭귄그룹의 그늘 아래서 아직 사업 수완을 완전히 펼치지 못하고 있었다. 당시 값싼 페이퍼백은 진정한 책으로 여겨지지 않았고, 포켓북과 페이퍼백이 미국 서점가를 휩쓴 1960년대까지 시간차가 있었다.

원래 앨런 레인이 밸런타인을 미국에 보내 자회사를 차린 것은 그저 펭귄의 사업 확장을 위해서였다는 사실을 짚고 넘어가자. 이 미국인에 의해 펭귄그룹의 양장본 출판 위주 비즈니스 모델이 무너진 것은 전혀 예상치

시티라이트북스토어는

샌프란시스코 자유정신의 상징과

같은 존재다. 그런 자질은 최초에

양장본 시장을 페이퍼백 시장으로

뒤집은 데에서부터 나타났다.

이 비즈니스 혁신은 시티라이트를

지탱해 주는 동시에 문화적

발판도 되어 주었으며, 오늘날

실리콘밸리 문화와도 통한다.

More works by
classical poets
(Hafiz, Rumi, Haiku,
Greek, Latin, etc.)
may be found in the
basement.

READ
HERE
NOW

NEW
POETRY
FROM
CITY
LIGHTS

못한 결과였다.

제2차 세계대전 시기에 펭귄그룹 영국 본사는 미국 지사에 대한 통제력을 잃어 갔다. 1930년대에 나타난 포켓북을 보며 밸런타인은 출판 방향을 바꾸어 염가 페이퍼백을 조금씩 찍기 시작했다. 1944년에 이르러 페이퍼백 판매량이 1억 부를 돌파하자 밸런타인의 생각은 한층 확고해졌다. 보다 큰 소비 집단이 원하는 것은 가볍고 값싼 종이로 만든 책이지 양장본이 아니었다. 비즈니스 모델이 파괴될까 우려하는 펭귄그룹과 맞서던 밸런타인은 독립해 밸런타인북스Ballantine Books를 세웠고, 로런스의 좋은 파트너가 되었다.

이와 동시에 페이퍼백의 가치를 깨달은 또 다른 출판인 제이슨 엡스타인이 '고급판 페이퍼백'Upscale Paperback이라는 새로운 시도를 했다. 과거 염가 페이퍼백을 기초 삼아 책을 더 크고 튼튼하게 만들고 인쇄 품질을 높이고 디자인도 훌륭하게 함으로써 책이라는 인쇄물에 더 많은 상업적 가치를 입혔다.

그러면서 페이퍼백 운동이 한바탕 일기 시작했다. 아직은 인정받지 못하고 있었지만 염가 페이퍼백은 이삼십 년 안에 양장본 판매량을 넘어서고 출판과 서점 사업을 속속들이 바꿔 놓을 것이었다.

시티라이트북스토어의 두 창립자는 이런 분위기를 감지했다. 야마자키는 다음과 같이 말한다. "그때로서는 아주 커다란 도전이었어요. 신진 예술가를 지지한다는 이상과 서점을 경영하는 실질적인 문제가 균형을 이루어야 했죠." 이상과 경영의 균형은 모든 서점이 직면하게 되는 문제라 할 수 있다. 피터와 로런스는 먼저 인근 주민을 목표 고객으로 삼았다. 북쪽 리틀이탈리아와 서쪽 차이나타운 주민은 주로 블루칼라 노동자였다.

아쉽게도 서점을 열고 2년이 지나자 피터가 뉴욕으로 돌아가기로 한다. 5호를 발행한 『시티라이트』 잡지도 잠시 휴간하고 그는 자기 지분을 로런스에게 팔았다. 후일담을 말하자면, 그는 뉴욕으로 가서도 서점을 하나 열었다.

로런스는 버텨 나갔다. 피터가 떠나기에 앞서 로런스는 프랑스에 가서 공부하며 서점과 출판 업무를 웬만큼 파악했다. 홀로 서점을 경영하며 1955년에는 시티라이트 출판사도 세워 자신의 첫 시집 『사라진 세상의 그림』Picture of The Gone World을 포켓북으로 500부 발행했다. 또 일본계 미국인 무라오 시게요시를 영입해 서점 운영을 맡겼다. 시게요시는 얼마간 무보수로 일하다가 나중에는 시티라이트의 실질적인 관리자가 되었다. 서점에서 '시그'로 통하던 그는 1975년 뇌졸중이 발병해 잠시 쉬다가 복귀했지만, 로런스와 의견이 맞지 않아 결국 시티라이트를 완전히 떠났다.

시게요시는 여생 동안 시티라이트에 발을 들이지 않았으며 로런스와 화해하기도 거부했다. 그러나 '시의 방' 창가 벽, 로런스의 시집 근처에는 시게요시의 사진이 걸려 있다. 그리고 사진 밑에는 유명한 '시인의 의자'poet's chair가 있어 방문자가 앉아서 책을 읽게끔 이끈다. 시티라이트에서는 시게요시를 "서점의 기조를 세운 사람"이라 일컫는다. 시게요시 역시 나중에 출판물을 냈고, 1999년 캘리포니아 쿠퍼티노의 한 재활센터에서 사망했다.

시티라이트가 현재 서점 건물 1층의 한 자리만 차지하고 있던 초창기, 서점 경영과 출판에 몰두하던 로런스는 앞으로 일어날 일을 예상하지 못했으리라. 곧 시티라이트 역사상 가장 유명한 사건이 일어나고, 시티라이트는 다음 세월 동안 영원히 이 사건과 함께 기억되리라는 사실을.

당시 샌프란시스코의 식스 갤러리에서는 젊은 시인과 예술가가 함께 시를 읽고 교류하는 모임이 열렸으며 로런스도 그 일원이었다. 어느 날 로런스는 식스 갤러리에서 앨런 긴즈버그라는 젊은 시인이 낭독하는 시를 들었다. 로런스는 다음 날 곧바로 긴즈버그에게 전보를 보내 시집을 출판하고 싶다고 했다. 전보에 쓴 말은 이러했다. "위대한 사업의 시작점에서 당신을 맞이합니다."I Greet You at the Beginning of a Great Career.

이 모든 것을 직접 경험하지는 않았어도 폴 야마자키는 당시 상황을 잘 알고 있었다. 로런스는 긴즈버그가 낭독한 시를 듣고 거대한 변화가 닥칠 것임을 예감했다고 한다. 그는 이 시가 수많은 젊은이의 마음속 외침을 표출했다고 생각했다. 1956년, 시티라이트 출판사에서는 긴즈버그의 시집 『울부짖음』Howl을 펴냈다. 이 시집은 '비트 세대'의 대표작이며, 당시 식스 갤러리에서 긴즈버그와 시를 낭독한 시인들은 비트 세대를 대표하는 인물이었다.

젊은이가 시를 쓰거나 다른 활동을 통해 주류 문화를 향한 불만을 토해 내는 것, 이것이 로런스가 곧 닥치리라 예감한 변화였다. 오늘날의 관점에서 보면 그들은 미국 문화 역사상 첫 번째 '하위문화'를 열었다. 당시 그들이 제창한 동성애 지지와 정신적 자유, 본토 문화와 원주민 존중 등은 모두 미국의 주류이 중산층 지식인의 사지관에 도전하는 것이었다.

"로런스는 이 시집 출간이 순탄하지 않으리라는 것을 알고 있었어요. 그래서 북부 캘리포니아의 미국시민자유연맹ACLU에도 찾아갔죠." ACLU에서는 로런스가 기소된다면 그를 변호하기로 약속했다.

1957년 재쇄를 찍은 『울부짖음』은 미국으로 운송되던 중 음란물로 고발당해 세관에 압수되었고, 미국 내

I Greet You at the Beginning
of a Great Career.
—Lawrence Ferlinghetti,
Founder of City Lights

『위대한 사업의 시작점에서
당신을 맞이합니다』 로런스는

비트 세대의 대표 시인 앨런
긴즈버그에게 이렇게 전보를
보냈다.

에서 다시 인쇄했지만 시게요시와 로런스는 '음란물 출판·판매' 혐의로 체포되어 옥살이를 하게 되었다.

이 사건이 당시의 주류 언론 『라이프』에 보도되자 출판의 자유에 대한 폭넓은 논의가 일었다. 자유주의를 옹호하는 시인과 예술가, 출판계와 서점 등이 시티라이트를 지지했으며 『울부짖음』은 곧바로 젊은 시인 사이에 널리 퍼져 베스트셀러가 되었다. 이는 비트 세대 문학운동의 시작을 알리는 상징이었다. 로런스의 변호사는 '표현의 자유'를 보장하는 미국 수정 헌법 제1조에 힘입어 결국 승소를 이끌어 냈다. 이 사건의 영향으로 '음란물' 판정 기준도 재심의에 들어갔으며 최종적으로 금지 규정 일부가 해제되었다. 시티라이트는 미국의 출판과 언론의 자유를 촉진하는 중요한 역할을 했다.

비트 세대는 자유정신을 추구하는 히피 운동의 계몽자 역할을 했다. 폴 야마자키가 샌프란시스코에 온 1967년은 10만 명이 넘는 히피가 샌프란시스코 서남부 헤이트애시베리와 골든게이트 공원에 모여 '사랑의 여름' 운동을 벌인 해였다. 지금까지도 골든게이트 공원에서는 해마다 '사랑의 여름'을 기념하는 음악회와 여러 행사가 열린다. 자유를 추구하고 독단에 반항하며 관습을 타파하는 정신은 샌프란시스코의 새로운 젊은 세대에게도 나타난다. 히피 운동 이후 가장 널리 알려진 샌프란시스코의 도시정신은 실리콘밸리의 창업정신이다.

시티라이트는 샌프란시스코의 도시정신을 이해하

는 입구와 같다. 서점 창문 너머로는 건너편에 있는 비트 박물관이 보인다. 비트 박물관은 그리 넓지 않지만 당시 시인들이 남긴 육필 원고를 많이 소장하고 있으며 그들이 몰던 차까지 전시해 놓았다. 직원은 이 박물관이 세워질 때 굳은 신조가 하나 있었다고 알려 주었다. "반드시 시티라이트 근처에 자리 잡아야 했어요."

그러나 야마자키는 이렇게 말한다. "로런스는 서점을 비트 세대와 연관 짓는 것을 좋아하지 않았어요." 로런스는 그때 옥고를 치르고 출판 자유를 촉발한 일을 독립적 사고와 자유정신, 다문화 장려의 사명 등을 제창하며 시티라이트가 겪은 여러 사건 가운데 하나일 뿐이라고 여겼다.

로런스는 자신이 더 많은 일을 했다고 생각했다. 시티라이트 출판사는 지금도 해마다 도서 14–16종을 출간한다. 주로 펴내는 것은 시집으로 주류 출판계로부터 각광받지 않는 저자를 지지하고 이들을 위해 여러 도시를 돌며 홍보 활동도 벌인다. 이것이 로런스가 1953년에 이 서점을 연 근본 원인이고, 시티라이트의 기본 유전자다.

서점 안을 보면 벽마다 수준 높은 출판을 추구하는 비주류 출판사를 소개하는 포스터가 붙어 있다. 그림도

문구도 매우 훌륭해 이들 출판사가 소비자의 관심을 받게 하려는 시티라이트의 고심과 노력이 고스란히 드러나 있다. 서점의 남쪽 외벽에 그려진 거대한 낙서 같은 벽화는 비영리 조직과 합작해 소수 인종 예술가가 완성한 작품이다. 지하 1층에는 아프리카계 미국인 작가를 지원하기 위한 특별 서가를 두고 일주일마다 새로운 책으로 바꾼다. 또 시티라이트 직원의 40퍼센트가 소수민족이다. 2016년 미국 대선 이후 특별히 만들어진 서가에는 미국의 정치 논리에 관한 책이 진열되어 있다. 야마자키는 말한다. "독립서점으로서 시티라이트는 대선 결과에 나름의 태도를 보일 필요가 있습니다."

이 모든 일을 지탱하는 것은 사실 이 서점의 경영

능력이다. 야마자키는 "최근 5년이 시티라이트북스토어 영업이익이 가장 높은 5년"이었다고 설명했고, 하루 판매량을 묻자 한 직원이 돌아보며 대답했다. "서점을 찾은 이 많은 사람을 보세요."

그러나 경영에 대해 이야기하자면, 이 서점은 옛 역사를 깔고 앉아 저절로 들어오는 돈만 세고 있지 않다.

야마자키가 처음 서점에 왔을 때를 회상했다. 그때 시티라이트는 '출판의 자유 쟁취'라는 후광에 휩싸여 수익 면에서 아무 걱정도 없었다. 그러나 밀려들었던 조수가 빠져나가고 특히 무라오 시게요시가 서점 경영에서 손을 떼자 문제가 나타나기 시작했다. 새로운 점장의 구매 기준은 대중의 입맛 쪽으로 기울었고, 그가 고르는 책은 시티라이트 직원에게조차 인정받지 못했다. 로런스는 서점보다는 출판 업무에 관심을 쏟고 있었다.

이런 상황이 한동안 이어졌다. 야마자키는 당시 경영 상황을 "곧 문을 닫을 지경"이었다고 표현했다. 지금 야마자키가 책을 판단하는 기준은 이러하다. '서가에 놓인 이 한 권의 책이 이 서점을 대표할 수 있는가? 독립적인 사고를 거친 결과인가?' 그러나 당시에는 관리 문제에 더해 '책이 좋지 않다'는 인식까지 생겨나 이 상징적인 서점에 치명상을 입혔다.

그때 한 직원이 "다른 서점처럼 베스트셀러를 늘어 놓거나 우리 자신이 좋아하지 않는 책을 판매한다면 시티라이트의 정신은 사라지고 말 것"이라고 말했고, 이런 생각을 가진 직원들이 다른 일자리를 찾아 뿔뿔이 흩어 졌다.

몇몇 직원이 안타까운 마음에 로런스에게 경영상 문제점을 설명하는 편지를 썼다. 로런스는 미국 국회도 서관 관리자 낸시 피터스를 찾아가 서점 경영을 맡아 달라고 부탁했다. 낸시는 다른 곳에서도 일해 달라는 제의 를 받은 상태였지만 시티라이트를 택했다.

"낸시가 없었다면 이 서점도 없어졌을 겁니다." 야마자키는 당시 남아 있는 직원이 6명뿐이었으며, 시티라이트에 온 낸시가 점장을 해고하고 쌓여 있던 일부 재고를 버렸다고 했다. "그래요, 버렸어요." 그렇게 재고를 정리하고 서가에는 새로운 책이 올라갔다. 4-5년이 지나자 시티라이트는 서서히 원기를 회복했다. 낸시와 로런스는 1984년까지 서점의 공동 책임자였다.

임대료는 서점에서 가장 중요한 지출이다. 1999년, 낸시와 로런스는 최저 시세로 서점 건물을 사들였다. 창고는 서점 바로 뒤, 벽 하나를 사이에 두고 있다고 할 수 있으며 위층과 아래층 사이에 미끄럼틀 같은 판자를 하나 걸쳐 놓고 책을 나른다. 서점과 출판사의 사무실 은 서점 2층에 있다. 서점에 들어가서 고개를 들어 보면 2층에 희미하게 사무 공간이 보이고, 천장에는 종이로

만든 연이 하나 매달려 있다.

　다른 서점과 달리 시티라이트에는 베스트셀러 코너가 없다. '가장 인기 있는 책'이나 '베스트셀러' 같은 표시가 보이지 않는다. 책은 저자명에 따라 알파벳순으로 진열하고, 여러 출판사 판본을 같이 두기도 한다. 분류 기준은 유럽문학, 영화, 재즈, 성소수자, 미국 역사, 사회학, 녹색정치(기존 정치 체계를 돌아보고 고찰하는 책)이다.

　야마자키는 "독자가 서가를 훑어보는 것만으로도 뭔가 배울 수 있게끔" 하고자 한다. 이 밖에 시티라이트 출판사에서 나온 책이 단독 서가에 진열되어 있다. 책은 대부분 독자를 향해 정면으로 놓이고, 아래에는 직원

이 쓴 추천의 말을 인쇄한 카드가 붙어 있는데 직원마다 카드 색깔이 다르다. 책을 사유하고 비평하는 내용도 있고, "○○는 내가 요즘 가장 좋아하는 책입니다. 이 책이 마음에 들지 않는다면 내 친구라고 말하지 마세요"같이 장난스러운 농담도 있다.

이 서점의 또 다른 특징은 시티라이트와 관계없는 비도서 상품을 팔지 않는다는 점이다. 시티라이트북스토어 입구에는 'Howl'과 'CityLights'가 프린트된 반소매 티셔츠와 에코백이 있다. 책을 사면 직원이 시티라이트 책갈피를 끼워 주고, 쇼핑백을 달라고 하면 크라프트지 봉투를 꺼내 책을 담아 준다. 이것 말고 다른 비도서 상품은 없다. 야마자키는 "비도서 상품을 팔면 매출액이 훨씬 오르고, 많은 서점에서 그렇게 하고 있죠. 우리는 아직까지는 운이 좋아서 그럴 필요가 없어요"라고 말한다.

서점에서 오프라인 행사도 자주 열리는데 여전히 문학 행사가 주를 이룬다. 2001년, 샌프란시스코 시정부는 시티라이트북스토어를 샌프란시스코의 228번째 랜드마크 건물로 지정했다. 이로써 시티라이트는 서점에 가장 중요한 영향을 끼치는 요소라 할 수 있는 지리적 위치를 안정적으로 점유했으며, 건너편에 있는 비트 박물관도 시티라이트의 이야기를 더욱 돋보이게 해 준다.

"전자책이 나타나자 많은 사람이 출판업과 독립서점이 사라질 거라고 걱정했어요. 하지만 실제 상황은 전혀 달랐죠." 서점에서는 서점에서 마음에 드는 책을 찾은 독자가 곧바로 휴대전화를 꺼내 아마존에서 주문하는 것을 당연히 싫어한다. 그런데 야마자키는 좀 다른 장면을 이야기했다. "15−35세 젊은 세대의 읽기 습관을 관찰해 봤죠. 그들은 책과 독서 플랫폼 선택에 독립적인 판단을 내리더군요."

과학소설 『울』을 쓴 휴 하위는 이런 견해를 밝힌 바 있다. "출판사, 독립서점, 체인서점, 저자라는 비즈니스 사슬에서, 독립서점은 독자를 고객으로 만들고자 진정한 시도를 하는 쪽이다." 독립서점은 아마존 같은 구매 데이터 수집 체계가 없어서 고객 프로파일링을 할 수 없고, 책 진열 방식도 아마존의 추천 시스템과 다르다. 그러나 샌프란시스코의 이 서점처럼 서점주가 건물주가 되어 임대료 부담이 사라지고 나면, 서점의 가장 큰 경쟁력은 서점 자신의 개성과 역사다. 게다가 시티라이트는 샌프란시스코라는 도시에서 특별한 의미를 지닌 서점이다.

"시티라이트북스토어는 샌프란시스코 도서 판매의 버팀목입니다. 시티라이트의 장서는 양과 질 모두 대단하고, 폴 야마자키는 미국 서점업계에서 가장 유명한 인사죠." 도나 파즈 코프먼은 시티라이트를 이렇게 평가한다. 그녀는 독립서점 컨설팅회사 파즈 앤드 어소시에이트의 설립자이며 자신도 서점을 운영한다.

그러나 소매업에서 핵심 위치를 차지하고 유동 인구가 많아 임대료 부담이 사라졌다 해도, 시티라이트는 여전히 두 가지 중요한 과제를 풀어 나가야 한다.

하나는 오늘날 생활비가 갈수록 높아지는 대도시 샌프란시스코에서 어떻게 직원에게 경쟁력 있는 보수를 지속적으로 줄 수 있을까 하는 문제다. 야마자키는 최근 시티라이트를 떠난 직원 두 명을 언급하며 연거푸 탄식했다. 한 명은 퇴직했고, 다른 한 명은 중부 도시로 떠났다. 직원들이 이 도시에서 어엿하게 생활할 수 있도록 보장한다는 말은 아무리 유서 깊은 서점이라 해도 과학 기술 업체에서 직원에게 주는 보수를 이해할 필요가 있다는 뜻이다. 폴 야마자키가 시티라이트 아르바이트로 생활을 꾸려 갈 수 있었던 시대는 이미 지나갔다.

다른 하나는 서점 경영인의 문제에 집중된다. 2018년은 폴 야마자키가 이 서점에서 근무한 지 48년째 되는 해이다. 그의 온 생애가 시티라이트와 결부되어 있다고 할 수 있으며, 그는 이를 매우 자랑스럽게 여긴다. 무척 아름답게 들리는 이야기지만, 실은 좀 까다로운 문제에 직면하지 않을 수 없다. 바로 서점을 경영할 후임자를 양성하는 문제다.

경영 위기가 닥쳤던 시기에 야마자키는 동료에게 이런 말을 들었다. "이 서점이 분투해 온 역사가 시류에 영합해 침몰해 버린다면, 각자 새로운 활로를 찾는 게 나을 거야."

시티라이트가 침몰하지 않기를, 언제나 샌프란시스코를 환히 비추는 도시의 불빛으로 남기를 간절히 바란다.

독립서점의 선구자가
위트레흐트를 떠났다

글·사진 = 탕야이

위트레흐트 (Utrecht)

웹사이트　　www.utrecht.jp

주소　　　　東京都 澁谷區 神宮前 5-36-6 2C

영업시간　　화–금요일 12:00–20:00

휴무일　　　매주 월요일

전화　　　　+81 3 6427 4041

해외 매체에서 일본 독립서점을 추천하는 명단을 보면 위트레흐트(정식 명칭은 위트레흐트/나우 아이디어 Utrecht/NOW IDeA)가 빠지는 법이 없다. 도쿄 시부야 오모테산도역 근방에 있는 이 유명한 독립서점은 사실 서점, 출판사, 갤러리가 결합된 공간이다. '위트레흐트'라는 이름은 네덜란드에서 네 번째로 큰 도시이자 미피토끼의 아버지 딕 브루나의 출생지인 위트레흐트에서 가져왔다.

위트레흐트의 내부 공간은 두 구역으로 나뉜다. 안으로 들어서면 먼저 전시 공간인 나우 아이디어가 보인다. 전시 내용에 따라 서가를 재배치해 공간을 새롭게 꾸민다. 한쪽 모퉁이에는 서점 위트레흐트가 있다. 벽면을 빙 두른 책꽂이와 가운데 진열대에는 일반 서점에서는 찾아볼 수 없는 훌륭한 독립출판물이 가득 놓여 있으며, 책 한 권 한 권마다 손으로 쓰거나 인쇄한 다채로운 카드가 끼워져 있다. 책 소개나 독후감, 비평이 쓰여 있는 카드를 읽다 보면 이 서점과 소리 없이 담담하게 소통하는 느낌이 든다.

위트레흐트는 일본에서 '책 셀렉트숍＋독립출판'을 조합한 선구자라 할 수 있다. 초대 점주 에구치 히로시가 2002년 7월에 먼저 온라인 서점 위트레흐트를 창업했고, 같은 해 11월 도쿄 다이칸야마에 오프라인 서점을 열었다.

위트레흐트가 창립되기 바로 전해에, 스위스의 그래픽 디자이너 벤야민 좀머할더는 친구와 함께 취리히에 독립출판사 니브스Nieves를 설립하고 예술서적과 『진』Zine이라는 독립잡지를 펴내기 시작했다.

『진』은 잡지magazine와 실험적인 작품을 싣는 동호인 예술잡지fanzine의 약어로, 예술서적에서 무게와 힘을 덜어 낸 새로운 출판물이다. 최근 10년간 독립출판은 하나의 트렌드가 되었으며『진』또한 세계적으로 빠르게 성장했다. 많은 사람이『진』을 독립출판의 상징으로 여기지만, 사실 '진'이라는 단어는 구체적으로 정의된 바 없다. 독립적인 제작과 발행을 거치며 주류 출판물과 다른 작품이라면 다 '진'이라고 부를 수 있다. 『진』은 실험적이고 창의적인 제작 방식도 종종 시도한다. 예컨대 독특한 아트 페이퍼에 실크스크린 인쇄를 거치고 꺾쇠나 접착제가 아닌 고무줄로 제본하면, 책 한 장 한 장을 온전히 떼어 내 포스터 작품으로 활용할 수 있다.

오늘날 '진'의 개념을 아는 사람이라면 모두 니브스를 독립출판 업계의 정신적 리더로 인정한다. 니브스의 로고인 하얀 책을 들고 있는 검은 유령 크니기는 이미 독립출판의 대표 이미지가 되었다.

많은 독립출판사와 마찬가지로 위트레흐트도 니브스로부터 큰 영향을 받았다. 창업자 에구치 히로시는 이전에 출판이나 서점업 관련 경험이 전혀 없었다. 대학에서는 경영을 전공했고 위트레흐트를 운영하기 전에는 5년 동안 통신판매 대리상으로 일했는데 어느 날 갑자기 서점을 해야겠다는 생각이 뇌리에 꽂혔다고 한다. 평소 네덜란드의 그래픽 디자인을 매우 좋아했던 에구치는 자신의 취향에 따르면서 니브스의 독립출판 모델을 참고해 위트레흐트를 열고 유럽에서 가져온 그림책과 그래픽 도서를 전시·판매했다. 네덜란드의 예술·디자인·사진 관련 도서가 주력 상품이었으며 일본의 1960 – 1970년대 산문 소설도 다루었다. 때마침 일본 삽화가를 찾던 벤야민 좀머할더가 인터넷으로 위트레흐트를 알게 되었다. 위트레흐트는 곧 니브스의 일본 배급사가 되었고, 'Nieves 100 + Zine'이라는 전시를 열기도 했다.

니브스의 영향을 받은 에구치 히로시는 독립출판사와 일본의 신진 예술가에 더욱 관심을 기울였다. 전통적 의미의 서점과 달리 위트레흐트는 끊임없이 문화 소식을 전파하는 장소가 되었다. 책만 파는 것이 아니라 해외 출판물을 소개하고 수입하고 번역하며, 니브스 출판물 배급 외에 독일의 문화예술 인터뷰 매거진 『모노.쿨투어』Mono.Kultur 일본어판 발행도 맡고 있다. 이 밖에도 위트레흐트는 '생활인을 위해 만드는 책 한 권'이라는 모토로 일본 신진 예술가의 작품을 널리 알리기 위해 10 – 30쪽 안팎의 독립잡지를 한정 발행한다.

지금 도쿄는 '세계에서 가장 많은 독립서점이 있는 도시'라는 별명을 얻었으며 독립잡지와 독립출판 역시 세계적으로 명성을 날리고 있다. 그러나 원래 일본에서 예술서적은 널리 보급되어 있지 않았다. 텍스트가 아닌 그래픽 위주의 책은 소수 취향인 데다가 특수 인쇄와 수공 제책이란 곧 높은 가격을 의미했기 때문이다.

독특한 시각에서 출발한 위트레흐트는 책을 중심으로 주변 환경과 다양하게 연계할 수 있는 공간을 만들었다. 핫토리 가즈나리가 디자인한 위트레흐트의 로고도 이런 개념을 상징한다. 뒤집어 펼쳐 놓은 책에서 나온 가름끈이 구불구불 늘어지며 서점 이름을 만드는 형태이다.

독립출판은 출판물을 만드는 사람과 서점의 거리를 좁혀 주었고, 그로부터 많은 기회가 생겨났다. 위트레흐트 서점 운영 말고도 에구치 히로시는 라디오도 진행하고 미술 편집도 하고 작업실도 운영하며, 디자이너 이다 에비라 등과 함께 아마존에 없는 책을 파는 노마존noma-zon이라는 온라인 서점도 열었다.

현재 위트레흐트 구성원은 책과 관련된 많은 일에 참여하고 있다. 헌책방을 위해 특색 있는 기획을 하고, 상업 공간이나 갤러리 공간 기획도 하며, 잡지나 웹사이트에 글을 기고하고 대담에 참여한다. 잡지나 기업 사보의 미술 편집, 도서관과 공공시설에 비치할 책 선정 작업도 한다. 무인양품에서 만든 서점 무지북스Muji Books 북큐레이션도 담당했는데 일부러 무인양품 브랜드 콘셉트인 간단하고 깔끔한 스타일과 다른 책을 진열했다. 소비자가 매장에서 물건을 살 때 무심결에 더 많은 영감을 얻게 하려는 의도였다.

2005년 나카메구로의 주거 지역으로 이전한 위트레흐트는 예약제 서점으로 변신했으며, 새하얀 욕실을 갤러리로 개조해 다양한 행사와 젊은 창작자의 전시회를 열었다. 2008년에는 아오야마로 옮겨 가서 보다 개방적인 복합 공간으로 변모했다. 그때부터 '서점 위트레흐트+소규모 전시 공간 나우 아이디어' 형태가 되었으며 발코니에 노천카페 아물도 생겼다.

독립출판이 활기를 띠자 무명의 신진 예술가가 스스로 표현하고 알릴 기회가 많아졌다. 독립출판은 신선하고 감각적이면서도 문턱이 높지 않기에 출판물도 잇따라 나왔다. 위트레흐트는 언제나 놀라운 책을 선보이고, 이곳의 구성원은 '재미있는 책을 찾는 일'에서 출발

위트레흐트는 매우 찾기 힘든 조용한 골목 안에 있다.

한 이 서점이 다양한 아이디어와 영감이 모이는 곳이 되기를 희망한다. 서점에 있는 모든 책이 모든 위트레흐트 구성원의 공동 토론을 거친 결과물로, 진열대에 오른 책 한 권 한 권이 신기하고 특별하며 위트레흐트의 분위기에 꼭 들어맞는다. 타이완 디자이너 아론 니에는 자신의 책에 위트레흐트를 이렇게 묘사한 바 있다. "아주 작은 서점이지만 많은 예술가와 디자이너가 번뜩이는 영감을 찾아내는 비밀 기지로 아시아에서 명성이 자자하다."

아오야마로 옮긴 뒤로 더 많은 창작자가 자신이 만든 책을 들고 위트레흐트를 찾아왔다. 몇몇 책은 사들였지만, 작품성이 뛰어나도 서점 분위기에 맞지 않는 책은 어쩔 수 없이 거절해야 했다. 에구치와 구성원들은 차

츰 자신들이 전권을 갖고 작품성을 판단하는 것이 공평하지 않다고 느끼게 되었고, 예술가가 자기 작품을 직접 독자에게 선보일 수 있는 예술 도서전을 열자는 아이디어가 나왔다.

이 무렵, 뉴욕에서 큐레이터로 일하던 미야기 후토시가 일본으로 돌아와 위트레흐트에 합류했으며, 런던에서 독립잡지 『페이퍼백』Paperback을 만들던 올리버 왓슨이 도쿄로 이사 왔다. 위트레흐트는 『페이퍼백』과 함께 진스메이트Zine's Mate라는 기구를 만들어 2009년부터 도쿄 아트북페어를 주관하기 시작했다. 해마다 사흘간 이어지는 이 도서전에서는 예술도서 전시·판매 외에도 여러 가지 테마 기획, 대담, 전시, 라이브콘서트 등 다채로운 행사가 열린다.

　이제 도쿄 아트북페어는 세계 최대 규모의 예술서적 박람회가 되었다. 참가자 규모는 2009년 70팀 8,000명에서 2017년에는 350팀 2만 3000명으로 늘었으며, 전시장도 처음에는 상업 시설인 오모테산도 자이르였다가 소규모 복합 전시 공간 하라주쿠 베이컨트를 거쳐, 2017년에는 대형 복합 예술 공간인 테라다 아트 콤플렉스 전체를 썼다.

　2015년부터는 주빈국을 초청해 매년 한 나라 또는 한 지역의 출판 문화를 소개하고, 그 나라나 지역 출판 업계의 대표 인물을 초청하여 기획에 참여하도록 하고 있다. 2017년에는 중국, 한국, 싱가포르, 타이완 4개국의 창작자를 초청하여 아시아 예술 출판의 새로운 역량을 전 세계에 알렸다.

　위트레흐트는 2014년에 세 번째 이사를 해서 지금 자리로 왔고, 서점과 전시 공간만 남겼다. 2015년에는 에구치 히로시가 13년간 몸담았던 위트레흐트를 떠나고 다른 창립 멤버인 오카베 후미에가 2대 점주가 되었다. '들새/녹색계'라고 자신을 소개하는 새로운 점주의 원래 직업은 낚시 도구 제작자였다. 오카베는 위트레흐트에서 자연을 주제로 한 기획과 창작을 하는 한편, '거리와

산 사이'라는 주제의 자연 잡지 『뮈렌』murren의 편집에도 참여하고 있다. 또 작은 새를 주제로 하는 창작 집단 고토리텐kotoriten('새 전시회'라는 뜻) 회원으로, 날마다 서점 처마 밑으로 날아드는 작은 새에게 모이를 주며 묵묵히 관찰하고 기록해, 새 일러스트를 담은 독립잡지를 펴내고 관련 작품을 만든다.

한편 에구치 히로시는 2016년 크라우드펀딩을 통해 지바현에 미토사야 약초원 양조장을 설립한다. 약초를 키우고 술을 빚는 새로운 인생을 시작한 그는 "책이 이 길로 저를 이끈 겁니다"라고 말한다. "책방을 운영하면서 예술가의 작품이 모두 생활과 음식에 뿌리를 두었다는 사실을 차츰 깨닫게 됐어요. 그리고 『칸디먼트』 Condiment 잡지에서 양조의 대가 크리스토프 켈러 이야기를 읽고 충격을 받아 양조에 흥미를 느끼기 시작했죠."

에구치도 그 대가의 인생 궤적을 따라가는 듯하다. 독일의 그래픽 디자이너 크리스토프 켈러는 1990년대에 독립출판사 레볼버Revolver를 세우고 기획·편집부터 디자인까지 전부 도맡아 뛰어난 예술서적을 많이 펴냈다. 2004년 켈러는 출판사를 떠나 독일 남부 시골로 가 양조장을 세우고, 47종의 식물 원료를 써서 수작업으로 증류한 진 몽키 47Monkey 47을 만들었다.

위트레흐트를 떠난 에구치 히로시는 가족과 함께 독일로 건너가 켈러에게 1년간 양조를 배웠다. 그리고 배움을 마치고 귀국하자마자 양조장을 세우기로 하고,

사업 총괄은 블루보틀 도쿄 기요스미시라가와점 등 해외 외식 브랜드를 공동 경영한 이시와타리 야스쓰구에게, 양조장 건축 설계는 건축가 나카무라 히데유키에게 맡겼다. 양조장 부지가 지바현 보소반도 한복판으로 결정되자, 그들은 원래 유휴 상태였던 약초원을 개축하고 그곳에서 나는 500종 이상의 식물과 야생과일을 이용해 일본식 증류주 개발에 박차를 가했다. 에구치는 미각과 후각뿐 아니라 술의 포장과 광고 디자인에서도 예술서점 주인다운 미감을 표출하려 했다.

2018년 여름, 에구치 히로시는 미토사야 증류주를 정식 발매한다. 그렇다면 위트레흐트는? 도쿄의 작은 건물에서 조용히 자리를 지키고, 서가 뒤에서는 날마다 새에게 모이를 주는 새로운 점주가 독자를 기다린다.

사람들이 휴대전화를 들고 책값을 비교하기 시작하자 오프라인 서점은 난관에 봉착했다. 독립서점이라는 이름으로 살아남은 작은 서점도 서점을 계속 꾸려 가려면 독자에게 차별화된 경험을 줄 수 있는 경영 방식을 끊임없이 찾아야 한다. 꿈을 이윤이 아니지만, 그들이 직면한 문제는 모두 똑같다. 자신의 서점을 찾게 할 이유를 만들어야 한다.

독립서점과 비즈니스의
균형점을 찾을 수 있을까?

글 = 관자이

2017년 12월 19일, 완성수위안萬聖書園 설립자 류쑤리, 시시푸 설립자 쉐예, 지펑수위안 설립자 옌보페이 세 사람이 지펑수위안 상하이도서관역점에서 '왜 독립서점인가'라는 주제로 현장 토론을 벌였다.

지펑수위안에는 서점에서 기획한 강좌, 독서모임, 음악회 등을 열 수 있는 널찍한 공간이 있다. 연단, 좌석, 조명을 갖춘 단정한 공간은 대학 캠퍼스의 강당을 방불케 한다. 이날 그 넓은 현장에 청중이 꽉 들어찼다. 1997년 지펑수위안이 처음 문을 열었을 때부디 오딘 독자, 지펑수위안과 함께 목소리를 내 온 대학 교수, 재계 인사 등 각계각층에서 많은 사람이 찾아왔다.

류쑤리, 쉐예, 옌보페이 세 사람은 오늘날 중국 서점의 발전에 큰 영향을 끼친 서점의 창립자다. 독립서점에 대한 정의와 전망은 제각각이었다. 쉐예와 류쑤리는 여전히 낙관적이고 개방적이었으나, 옌보페이만은 비관적 견해를 기탄없이 드러냈다. "지난 5년간 지펑은 많은 시도를 했습니다. 우리는 지펑을 단순히 책을 파는 곳에서 지식 교류의 장으로 바꾸고자 했고, 지난 5년간 새로운 길을 모색했지만 사실상 모두 실패했습니다. 제가 보기에는 독립서점과 비즈니스의 균형점을 찾는 것은 불가능합니다."

그로부터 43일 뒤, 지펑수위안 상하이도서관역점〔상하이에 남은 최후의 지펑수위안 지점이었다〕은 '책 두 권을 사면 한 권 더 주고' 책꽂이도 무게대로 값을 매겨 팔면서 독자에게 정식으로 이별을 고했다.

'상하이의 문화 랜드마크'로 일컬어지던 지펑수위
안은 1990년대에 설립되었고, 전성기에는 상하이에만 8
개 지점이 있었다. 지펑수위안의 오랜 단골인 화둥사범
대학 역사학 교수 쉬지린은 지펑의 책 분류를 놓고 "전
문적이고 명석하다"고 칭찬했다. 지펑에서는 서점의 배
치에 익숙하지 않은 사람도 원하는 책을 즉각 찾아낼 수
있다. 쉬지린은 또 "지펑이 학자 출신이 연 서점이라서
문화인, 독서인, 학자 들이 보고 싶어 하는 책이 뭔지 잘
알고 있다"고 평했다.

지펑의 책 선정은 지펑의 이미지를 만들어 냈다. 지
펑의 책은 주로 창립자 옌보페이가 골랐다. 옌보페이는
문화대혁명 이전에 중·고교를 졸업한 학생 가운데 최초
의 철학 석사였고 상하이 사회과학원에서 연구원으로
일한 경력이 있어 인문학 지식이 탄탄했다. 상하이 지식
인은 옌보페이의 안목을 신뢰했다. 책을 고를 때 그는 학
술·사상 분야의 신간에 주목했으며 여러 출판사와 밀접
한 관계를 유지했다. 출판사와의 관계는 좋은 책을 파는
서점이 갖춰야 할 소양으로도 여겨진다. 한 독자는 오랫
동안 마음에 담고 있던 현대 신유가철학의 대표 학자 머
우쭝싼의 타이완판 『머우쭝싼선생전집』牟宗三先生全集을

지평수위안에서 발견했다. "서점을 즐겨 찾는 편이지만, 다른 서점에서는 절대로 이 책을 만날 수 없을 겁니다."

책을 고를 때 엔보페이는 책 속 가치관에 어떤 판단을 내리지 않았다. 그는 지평이 여러 사상이 공존하는 곳이 되기를 바랐다. 그래서 지평에는 관점이 대립되는 책이 함께 놓이곤 했다. "좌파, 신좌파의 책들도 서가에 놓을 겁니다. 저는 그 책에 나오는 단 한 구절에도 동의할 수 없지만요."

지평은 차츰 자신만의 독자를 찾아냈다. 다른 서점에서는 베스트셀러에 오를 리 없는 책이 지평에서는 꽤 환영받고, 독자에게 낯선 책도 지평에서 판로를 찾았다. 지평이 전성기를 누릴 때 엔보페이는 한 인터뷰에서 다음과 같이 밝힌 바 있다. "상하이 산시난루역점 한 곳에서만 하루 매출이 6만 위안을 넘습니다."

엔보페이도 베스트셀러가 지평에 들어오는 것을 거부하지 않았다. 지평이 문을 연 지 6-7년쯤 되던 해에 가장 많이 팔린 책은 『누가 내 치즈를 옮겼을까?』, 『부자 아빠 가난한 아빠』, 『좋은 기업을 넘어⋯ 위대한 기업으로』 같은 '부자 되는 법'을 알려 주는 책이었다. 이런 책은 지하철역을 지나는 사람이 서점을 한 바퀴 둘러보게끔 끌어들이기 좋다.

그러나 지평의 충성 독자에게도 차츰 더 많은 선택지가 생겼다. 지평을 즐겨 찾던 독자 가운데에서도 많은 이가 더 이상 지평을 '반드시 가야 할 서점'이라 여기지 않았다. 지평을 날마다 찾아오던 한 독자가 옌보페이에게 설명했다. "해마다 여기서 2-3만 위안어치 책을 샀어요. 그런데 지금은 인터넷에서 60퍼센트 가격에 살 수 있어요. 1년에 3만 위안어치를 산다면 1만 위안은 아낄 수 있는 거죠. 내가 부자는 아니잖아요. 1만 위안은 내게 적은 돈이 아니에요." 이 말에 옌보페이는 퍼뜩 깨달았다, 오프라인 서점의 황금기가 지난일이 되리란 것을.

2008년 지평수위안의 매출은 6년 전 전성기의 4분의 1로 뚝 떨어졌다. 당시 산시난루역점은 임대차 계약 기간이 아직 2년 남아 있었지만, 이후에 시장 가격대로 재계약을 하면 이 937제곱미터 점포의 연간 임대료는 이미 서점의 연간 매출액과 맞먹을 지경이었다. 당시 지평은 서점의 모든 자산을 매각해도 거래처에 도서 대금을 30퍼센트밖에 상환할 수 없었다.

그러자 독자와 언론이 지평 산시난루역점을 지키기 위한 캠페인을 시작했다. 갖은 중재 덕분에 비교적 실속 있는 임대료로 합의가 이루어져 지평은 2년간 임대차 계약을 연장했다. 하지만 2012년 초 다시 계약 만료가 임박했고 그사이에 산시난루역점의 연간 매출액은 700-800만 위안으로 곤두박질치며 적자 상태에 빠져 있었다. 결국 지평은 산시난루역에서 상하이도서관역으로 이전했으며, 경영자도 엔보페이에서 위먀오로 바뀌었다.

2013년 2월, 몇몇 투자자가 투자 팀을 구성해 지평을 재편했다. 위먀오는 그중 가장 많은 돈을 출자한 투자자였으며 초기부터 지평에 수익을 내라고 요구하는 사람은 없었다. 위먀오는 경영상 변화를 모색했다. 2013년 문을 연 상하이도서관역점을 찾은 독자들은 서점에서 소포장된 용과, 용안육, 레몬, 고추, 옥수수 같은 과일과 채소를 발견했다. 지평 경영에 문제가 생겼음을 인정하려는 이는 없었지만, 상하이도서관역점 이용객 수는 전성기의 산시난루역점에 미치지 못했다. 사람들은 아무런 행사도 없는 날에는 지평을 방문할 이유를 딱히 찾지 못했다.

비즈니스 측면에서 지평이 직면한 문제는 중국 오

프라인 서점이 빠진 공통 딜레마였다. 중국 시장에서 책값은 전적으로 수요·공급 관계에 따라 결정되기 때문에, 발주량이 많은 온라인 서점은 오프라인 서점보다 가격 경쟁력이 높기 마련이다. 바꿔 말하면, 오프라인 서점은 독자가 책을 실제로 접할 수 있는 기회를 만들어 내지만, 독자가 휴대전화를 들고 가격을 비교하기 시작하면서 문제가 불거졌다. 자신의 핵심 상품과 서비스를 판매하여 수익을 내지 못하는 데다가 원가까지 점점 올라가자 대부분의 오프라인 서점에서는 버텨 낼 재간이 없었다.

하지만 오프라인 서점에는 온라인 서점에서 제공하지 못하는 체험이 있다. 엔보페이는 지평을 경영하면서 서점이란 공용 공간일 수밖에 없음을 깨달았다. 무언가 답을 찾는 사람은 서점이 있기에 서로 만나게 될 터였

산시난루역에서 상하이도서관역으로 이전한 지평은 서점 공간에 변화를 주었다.

지평수위안은 서점의 공공성을 강화하기 위해
여러 가지 교양 강좌를 개설했다.

다. 지펑을 인수한 위먀오는 지펑의 공공성을 강화하고자 했다.

이벤트는 서점에 부가가치를 줄 수 있다. 지펑은 무료 강좌와 살롱도 많이 열었지만 '지펑 12강'이라는 형식의 유료 강좌도 개설했다. '지펑 인문 강당'은 역사, 문학, 예술 등 각 분야 권위자를 초청해 강연을 듣는 교양 강좌로, '유료 지식'의 의미도 어느 정도 있고, 이를 통해 오프라인 행사도 규모를 제한할 수 있었다. 이 밖에도 연회비를 내는 특별회원에게는 도서 할인, 온라인 강좌 참여, 음원 다시듣기 같은 여러 가지 부가 서비스를 제공했다.

한편, 지펑은 상하이의 문화 랜드마크로서 국가에서 재정 지원을 얻어, 2013년 상하이 신문출판국 보조금 20만 위안과 국가재정부 보조금 100만 위안(오프라인 서점을 지원하는 정부 부처의 첫 시험적 보조금이었다)을 획득했다. 그러나 보조금에 의지해 사업을 꾸려 갈 수는 없는 법이다.

이 부분은 지펑의 딜레마였을 것이다. 위먀오는 서점을 결코 상업적 각도에서만 보지 않았다. 그는 서점을 사회적 기업이라고 여겼고, 서점 경영이란 일종의 공익 행위라고 생각했다. 그는 보다 예술적인 방식으로 서점을 운영하고 싶다고 공개적으로 말한 바 있다. "한 억만 장자가 매년 200만 위안씩 후원해 나에게 서점을 잘 경영해 보라고 한다고 칩시다. 바꿔 말하면, 나 자신이 그 후원자라면 일이 아주 간단해지지 않습니까? 내가 바라는 것은 이 서점이 우리가 세운 뜻을 잃지 않고 잘 운영되는 겁니다. 살아남는 것보다 더 중요한 문제는 '서점을 과연 어떠한 모습으로 꾸려 가는가'입니다. 이는 순전히 개인 선택에 달렸죠."

위먀오가 말한 경영 방식과 비슷한 사례가 있다. 재단법인, 기금, 비정부조직, 비영리조직 등의 형태로 존재하는, 사회학적 의미로 제3섹터The third sector에 속하는 기구이다.

해외로 눈을 돌려 보면, 독립서점이라는 이름으로 살아남은 작은 서점의 일차 목표는 결코 이윤이 아니었다. 그러나 이상을 품은 서점주라 해도 서점을 계속 꾸려 가려면 차별화된 경험을 줄 수 있는 경영 방식을 끊임없이 찾아야 한다. 그들이 직면한 문제는 모두 똑같다. 자신의 서점을 찾아올 이유를 독자에게 제공해야 한다.

도쿄에서도 상황은 마찬가지다. 출판업이 똑같이 하락세를 보이고 독립서점의 경쟁도 상당히 치열하다. 이 도시의 서점 역시 독자에게 자신만의 독특한 가치를 더 많이 안겨 주어야만 버텨 나갈 수 있다. 도쿄의 기치조지에 있는 햐쿠넨百年이라는 헌책방은 '책에 담긴 가치를 다시 한 번 독자에게 내보이겠다'라는 최초의 이상을 지켜 가고 있다. 햐쿠넨은 저자의 강좌를 본격적으로 개설한 서점이기도 하다. 종래의 일본 서점에서 열던 행사는 저자 사인회 정도였다. 서점에서 특별한 행사를 여는 것은 이제 지평을 비롯한 모든 서점에서 습득한 경영 방식이 되었다.

서점주가 비축한 지식도 가치가 된다. 도쿄 오기쿠보에서 독립서점 타이틀을 운영하는 쓰지야마 요시오는 대형 서점 리브로에서 18년간 일한 경험이 있다. 그가 보기에 서점 업무란 '독자에게 책을 소개하는 일'이다. 그는 날마다 독자에게 책 한 권을 소개하고 있으며 이 책 소개를 모아 책으로 펴냈고, 서점에서도 여러 가지 책 관련 이벤트를 연다. 또 책을 도입하려는 다른 업종 매장에 북큐레이션 서비스도 제공한다.

오늘날 일본에서 북큐레이션 서비스는 몇몇 독립서점의 또 다른 수입원이다. '각각의 매장에 잘 어울리는 책'을 골라 진열하는 능력은 커다란 재능으로 인식되기 시작했고, 현금화할 수 있는 자원이 되었다. 무인양품이 책을 매장에 들여놓자 이를 따라 하는 복합 매장이 점점 많아졌다. 책이 매장을 돋보이게 하는 훌륭한 디자인 자원으로 부각되면서 출판 동태를 잘 알고 좋은 책을 고르는 능력을 가진 이는 일본 소매상이 앞다투어 찾는 새로운 고문이 되었다. 도쿄 문화인에게 큰 사랑을 받는 서점 아오야마북센터는 경영 악화로 파산에 이르렀다가 재기하기도 했는데, 지금은 '기업체와 공공기관을 위한 북큐레이션 컨설팅'을 정식 사업 분야로 삼고 있다. 아오야마북센터의 고객 명단을 보면 대학 도서관, 호텔은 물론 아파트 공용 공간 관리업체까지 있으며 각종 행사나 전시회에서도 북큐레이션을 의뢰해 온다.

그러나 일본에는 중국과 다른 특수한 지점이 있다. 일본의 재판매가격유지제도는 책을 정가대로 판매하게 규제함으로써 서점도 책도 할인에 휘둘리지 않고 나름의 개성을 지켜 갈 수 있다. 도서정가제를 시행하지 않는 중국 서점의 가격 경쟁은 치열함을 넘어 혹독하고, 독립서점이 겪는 어려움은 더 크다. 이런 시장 환경에 부합하면서 상업적으로 혁신적 영향력이 있는 새로운 답을 제시하는 서점은 아직까지 중국에서 찾아볼 수 없다.

옌보페이는 지평을 떠난 뒤에도 여전히 지평과 관련된 일을 했다. 한편으로는 출판사 싼후이투수三輝圖書를 운영하고, 한편으로는 지평의 책을 선정하고 「지평소식」季風書訊을 썼다(「지평소식」은 2017년 말에 잠시 휴간에 들어갔다). 싼후이투수에서 내는 책은 지평수위안에서 파는 책과 마찬가지로 베스트셀러를 목표로 삼지 않는다.

상하이도서관역점을 폐점하고 나서 지평은 상하이

에서 계속해서 새로운 장소를 찾아봤지만 성과가 없었다. 그러나 '왜 독립서점인가' 토론회가 열리기 직전 토요일, 지난에 지평수위안이 정식으로 문을 열었다. 지난 지평은 상하이와 경영 주체가 다르지만 지평의 초록색 로고를 쓰고 있고, 공간 배치에 상하이 지평의 인문적 특색이 살아 있으며 이에 더해 '지평과학' 코너를 새로이 설치했다. 확실히 상하이 지평과 좀 다른 면이 보인다.*

---

* 지난의 지평수위안은 2018년 6월 28일 렁후수위안(冷湖書園)으로 이름을 바꿨다.

알아차렸는가?
좋은 서점에는 본받을 만한
규범이 있다

글 · 사진 = 탕야이
도쿄예술대학 디자인학과 재학 중.
도쿄 곳곳을 어슬렁거리기를 좋아하며,
작은 서점 탐방을 즐긴다. 특히 서점 공간
디자인과 서점에서 실제로 겪는 체험의
관계에 흥미를 느낀다.
/ 도쿄

도쿄에 처음 와서 온종일 한가로이 어슬렁거리던 시절, 도시 구석구석에서 어김없이 만나게 되는 것이 작은 독립서점이었다. 메지로에 있는 기시모진鬼子母神 신사의 장터를 둘러보고 나오니 달이 둥실 떠올랐고, 하얀 벽에 따스한 노란 불빛이 흘러나오는 한 가게가 옅은 밤빛 속에 또렷이 보였다. 들어가 보니 포포타무Popotame라는 그림책 독립서점으로 세계 각지의 그림책으로 가득했다. 메구로 강가에서 벚꽃을 감상하다가 젖소 모형에 마음이 끌려 들어가 본 곳은 카우북스. 아담한 공간에 주인장이 세계 각지에서 가져온 사진, 미술, 영화 관련 책이 꽉 차 있었다. 에비스에 가서 사루타히코 카페에 앉아 커피를 마시며 구글 지도를 검색하다가, 한 번에 한 출판사의 책만 전시·판매한다는 독립서점 포스트POST를 찾아가 보기도 했다.

독립서점을 많이 다닐수록 난생처음 보는 책, 자발적으로 접해 본 적 없는 책을 점점 많이 만나게 되었다. 비주류 도서에 차츰 깊이 빠져들면서, 구하기 힘든 절판본을 찾겠다고 더 많은 독립서점을 찾아다녔다. 이렇게 끊임없이 돌고 돌며 새로운 세계의 문을 하나씩 하나씩 열고 들어갔다. 책을 사고 서점을 둘러보며 이 도시를 기웃거리다 보니 어느새 2년이 흘러 있었다. 그러나 도쿄에는 아직도 가 보지 못한 독립서점이 너무나 많다.

도쿄가 세계에서 서점이 가장 많은 도시라는 말은 일찍이 들었지만 역시 감탄을 금할 수 없다. 어떻게 이렇게 다양한 독립서점이 있단 말인가.

독립서점이란 말은 일단 기업형 '체인서점'의 반대말이라 할 수 있다. 보통 현지인의 개인 자본으로 운영되고, 지역 사회와 긴밀한 관계를 맺으며, 체인서점에 비해 소수 취향에 맞춘 도서를 팔고, 한층 개성 있게 꾸며진 소규모 서점이다.

독립서점은 온라인 서점과도 대비된다. 일본 북큐레이션 업체 바흐의 창립자 하바 요시타카는 "가장 이상적인 서점은 독자가 지금껏 알지 못한 책을 손에 들게 할 기회를 만들어 내는 서점"이라고 했는데, 이 부분이 바로 온라인 서점과 다른 오프라인 서점의 출발점이다. 온라인 서점은 우리가 이미 아는 책을 빨리 손에 넣게끔 해 준다. 웹페이지를 열고 책을 골라 계산을 하면 배송이 시작되고 책이 손에 들어온다. 이처럼 편리하게 책을 사는 방식은 독자와 책의 관계를 '점대점'point-to-point으로 단순화한다. 온라인 서점에서도 책을 추천하지만, 이는 열람 기록에서 추출한 알고리즘 분석에 기반하므로 대개 한정적인 카테고리에서 이루어진다. 그러나 오프라인 서점에 가면 예상치 못한 놀라움을 더 많이 만나고 미처 몰랐던 일을 이해하게 된다. 오프라인 서점은 사람과 책의 관계에 온기와 입체성을 불어넣어 준다.

2017년 영국의 라이프스타일 잡지 『모노클』Monocle 은 살기 좋은 도시의 기준에 도시 속 오프라인 서점 수를 포함시켰다. 이는 서점이 그 지역에 존재하는 이유를 어느 정도 설명해 준다.

온라인 서점의 공세에 밀리고 있지만 오프라인 서점에는 대체할 수 없는 가치가 있다. '구매'는 온라인으로 대체할 수 있어도 '그 자리에 있는' 체험은 유일무이하다. 오프라인 서점은 사람과 책, 사람과 공간, 사람과 사람 사이에 어떤 연결고리를 만들어 냄으로써 지역 공동체를 세우고 공공 지식 생활의 주춧돌 역할을 한다. 오프라인 서점은 도시정신이 외적으로 다양하게 표현된 형태이며 도시의 진짜 핵심이라고 말할 수 있다.

시대의 조류에 휩쓸려 서점 수가 자꾸만 줄어드는 상황에서 서점의 변신은 한때 오프라인 서점의 화두였다. 원가 부담 때문에 오프라인 서점은 여러 상품을 모으고 결합하기 시작했다. 서점에서 카페도 하고 전시도 하고 출판도 하고 공방도 열었다. 이렇게 실제 공간에서 할 수 있는 풍부한 체험을 통해 서점은 주변과의 연계를

강화하고 스스로의 커뮤니티 속성을 확대해 나갔다. '소비'에서 '체험'으로 바뀐 새로운 형태의 서점 공간은 지역 사회에 새로운 활력을 불어넣고, 비즈니스 모델을 넘어 지역 주민의 문화 공동체로 서서히 변모하고 있다.

　독립서점은 최근 늘어나는 복합 공간식 대형 체인 서점과도 다르다.

　서점의 테마부터 책 선정과 진열 방식에 이르기까

지, 독립서점은 복합형 서점에서는 찾아볼 수 없는 뚜렷한 개성을 지닌다. 독립서점은 단지 책을 파는 곳이 아니라 독자적인 관점을 드러내는 체험 공간이다. 오프라인 서점의 책 진열은 대개 판매량에 영향을 받지만, 독립서점은 그렇지 않다. 마니악하지만 깊이 있는 책, 희귀한 독립출판물, 손에 넣기 힘든 절판본 등이 균형 있게 서가를 차지한다. 같은 책이라도 진열된 모습이나 곁에 놓인 책과의 상호 관계 등에서 그 서점만의 독특한 세계관이 나타난다. 또 한정된 공간 때문에 엄선에 엄선을 거쳐 독자 앞에 놓인 책에서는 특별한 묘미가 느껴진다.

독립서점은 각기 다른 테마로 각기 다른 수요에 대응한다. 도쿄에 있는 독립서점은 저마다 테마와 분위기가 다르고 보유한 책도 제각각이라 자연스럽게 이곳저곳에 가서 이런저런 책을 사게 된다. 예를 들어 북앤드손스Book and Sons는 중고 타이포그래피 서적 전문점이고, 셸프Shelf는 희귀한 해외 사진집 전문점이며, 위트레흐트는 디자인·예술 서적을 주로 팔면서 도쿄 아트북페어를 주관하는 곳이기도 하다. 여러 독립서점은 지역에서 각각의 역할을 맡고 있으며, 지역민의 정신생활과 어우러지는 문화 기지 역할도 한다.

공간과 분위기도 각각의 테마에 대응한다. 서점과 출판사가 함께 있는 시부야퍼블리싱앤드북셀러스 Shibuya Publishing & BookSellers는 책과 숙박·휴식 시설을 결합한 북앤드베드Book and Bed의 책 선정을 맡은 서점으로도 유명하다. 이곳은 편집부와 서점이 유리벽으로 나뉘어 있는데, 서점도 빵집처럼 앞은 가게, 뒤는 작업장 구조로 해서 독자에게 책이 만들어지는 모습을 똑똑히 보여 주고 싶다는 생각에서 나왔다. '하나의 책, 하나의 공간'을 내세우는 모리오카쇼텐은 일정 기간 동안 판매할 책 한 권을 정선하고 그에 어울리도록 공간 배치를 바꾸어 책을 입체적으로 구현해 낸다. 책 한 권에 술 한 병, 1년에 500회 이상의 이벤트로 유명한 서점 비앤드비B&B는 사람들에게 우주의 광활함을 느끼게 하고 싶어 한다. 그래서 서로 다른 분야의 책을 한데 꽂아 놓고, 서가에서 가장 좋은 위치에는 자연과학 책을 진열한다. 독립출판물을 전문으로 다루는 오래된 서점 모사쿠샤模索舍에는 '자가 인쇄' 방식 출판물이 가득 들어차 있는데 대체로 기성 사회에 반발하는 '성난 젊은이들'의 개인 간행물이다. 비좁은 통로, 뒤죽박죽으로 진열된 표지와 책 속 글자들은 한 구절 한 구절이 각성을 촉구하며 고함치는 질문 같다. 조용하고 어두운 공간에 있는데도 귀청을

울리는 듯하다.

서점이 존재하려면 지역 사회부터 서점이 요구하는 문화적 다원성에 호응하는 태도를 갖춰야 하지 않을까 싶다.

도쿄에서 이 서점 저 서점 돌아다니면서 '중국으로 돌아가면 서점을 열어야지' 하는 상상을 하곤 했다. 어디에 터를 잡을까, 어떤 책을 고를까, 공간은 어떻게 꾸밀까. 이리저리 궁리하다 보면 해야 할 일들이 보이지만, 그런 서점을 중국에 열어도 살아남을 수 있을지는 의문이다. 아마 도쿄 사람들이 준비된 이가 아니었을까. 도쿄의 다원적이고 포용적인 분위기, 독서를 중시하는 분위기가 다양한 독립서점이 싹틀 수 있는 기름진 토양을 제공했기에 서점이 끊임없이 세분화되어 서서히 지금 같은 모습을 이룬 것이 아닐까.

오프라인 서점을 연다는 것이 단지 가게가 하나 더 생기는 것일 뿐 지역 주민의 문화 수준을 높이는 데에는 기여하지 못할 수도 있다. 하지만 책과 독서가 우리 삶에 미치는 영향을 직시할 때, 서점은 그 지역 사회에서 살아남아 차츰 세분화되고 성장할 수 있을 것이다.

지금이 바로 서점이 자신의 위치를 다시 점검해 볼 때, 그리고 서점을 보는 우리의 관점을 바꿀 때이다.

1 북 앤드 갤러리 포포타무(Books & Gallery Popotame)
그림책 독립서점
신간/ 헌책/ 전시

웹사이트	www.popotame.net
주소	東京都 豐島區 西池袋 2-15-17
영업시간	월-금요일 13:00-20:00, 토-일요일 13:00-19:00
휴무일	수, 목요일에 부정기 휴무
전화	+81 3 5952 0114

포포타무의 로고는 책을 물고 있는 귀여운 하마다. 이케부쿠로역과
메지로역 사이에 있는 작고 아늑한 독립서점으로 국내외 그림책,
창작자의 독립출판물이나 개인출판물, 예술가의 수공예품 등이 가득하며
전시 내용은 2주에 한 번꼴로 바뀐다. 책값을 치르면서 중국에서 왔다고
하자 서점 주인 오바야시 에리코가 손으로 그린 영문 지도를 한 부
건넸다. 오바야시가 2016년 타이완에 서점 교류 활동을 하러 가며
준비했다는 이「책을 사랑하는 사람에게 드리는 이케부쿠로-메지로
산책 지도」를 나는 지금까지 간직하고 있다. 근처에 있는 기시모진
신사에서 매월 셋째 일요일에 열리는 수공예품 장터도 가 볼 만하다.

2   카우북스

문필가 마쓰우라 야타로가 운영하는 서점
신간/ 헌책/ 카페/ 자체 상품/ 기획

웹사이트	www.cowbooks.jp
주소	東京都 目黑區 靑葉台 1-14-1-103
영업시간	화–일요일 12:00–20:00
휴무일	매주 월요일
전화	+81 3 5459 1747

잡지『생활수첩』(暮しの手帖) 편집장을 지냈으며 일본 생활미학의
대표인물이기도 한 마쓰우라 야타로가 운영하는 카우북스는 이미
도쿄 메구로강의 명소로 자리 잡았다. 처음 내 마음을 잡아끈 것은
입구의 젖소 모형 말고도 벽에 붙어 있는 'COW BOOKS: everything
for the freedom'(카우북스: 자유를 위한 모든 것)이라는 표어였다.
최초의 카우북스는 '이동식 헌책방'이었다. 마쓰우라는 책을 가득
실은 밴을 몰고 이곳저곳 여행하면서 독자적인 방식으로 행인들에게
책을 소개하다가, 차츰 자신의 생활미학 이념을 서점에 적용해 나갔다.
서가에는 마쓰우라가 세계 각지에서 수집한 사진, 미술, 영화 관련
도서가 가득 진열되어 있고, 진귀한 고가 서적은 온도를 일정하게
유지하고 습기를 방지하는 특별 장식장 안에 모셔져 있다.

사진 = 자오후이

3   포스트(Post)

일정 기간 한 출판사의 책만 판매하는 서점
신간/ 전시/ 이벤트/ 출판/ 자체 상품

웹사이트	www.post-books.jp
주소	東京都 澁谷區 惠比壽南 2-10-3
영업시간	화–일요일 12:00–20:00
휴무일	매주 월요일
전화	+81 3 3713 8670

포스트는 여느 서점에서는 보기 힘든 매우 독창적인 콘셉트를
가지고 있다. 이 서점은 출판사의 세계관을 공간에 구현해 내고자
하며, 일정 기간 동안 한 출판사의 출판물만을 전시·판매한다.
출판사의 이념을 형상화한 캔버스 가방 등도 같이 판매하고, 새로운
전시를 하게 되면 서점의 책이 싹 바뀐다. 맥(Mack), 로마(Roma),
게슈탈텐(Gestalten) 등 여러 해외 출판사와 합작한 적도 있다. 서점과
함께 홈페이지에서도 온라인 전시를 한다. 포스트 홈페이지 화면은
여러 책이 커다란 탁자 위에 가지런히 놓인 모습을 하이앵글로 찍은
모습인데, 책을 클릭하면 페이지가 넘어간다. 오프라인 전시가 다른
출판사로 바뀔 때마다 온라인에 전시된 책도 모두 업데이트된다.
한 디자이너를 입체적으로 보여 주는 기획도 있다. 그 기간에는 특정
북디자이너가 디자인한 책만 전시하고, 디자이너를 초청해 경험을
나누며 디자이너가 출판물에서 어떤 역할을 하는지 심도 있게 보여 준다.

4   북앤드손스〔Book and Sons〕

중고 타이포그래피 서적을 전문으로 판매하는 디자인북 셀렉트숍
신간/ 헌책/ 전시/ 카페/ 자체 상품

웹사이트	**www.bookandsons.com**
주소	**東京都 目黒區 鷹番 2-13-3**
영업시간	**12:00–19:00**
휴무일	**매주 수요일**
전화	**+81 3 6451 0845**

도쿄 가쿠게이대학 주변에는 의식주와 관련된 개성 있는 작은 가게가
아주 많다. 북앤드손스는 디자이너가 운영하는 디자인 서점으로 조용한
주택가에 자리 잡고 있다. 서점 주인 가와다가 직접 꾸민, 미니멀
하면서도 디자인 감각이 충만한 공간이다. 검은색 철제 창틀 사이로
들어오는 햇빛이 하얀 벽과 어우러지며 편안한 분위기를 만들고 맞춤
제작한 나무 서가에는 디자인, 타이포그래피, 인쇄 관련 서적과 잡지
등이 꽂혀 있다. 웹디자이너인 서점 주인은 이사를 하고 보니 학생
시절에 발품을 팔아 가며 사 모은 값싸고 좋은 책들을 놓을 자리가
없어서, 마침 가게를 하기에 알맞은 자리에 얻은 작업실에서 서점도
같이 하면 좋겠다는 생각을 했다. 또한 젊은 세대가 편안히 느끼는 서점
환경을 만들기 원했다. 서점에는 언제나 커피 향이 가득하고 에코백과
책갈피 등 자체 제작 상품도 있다. 전시 공간에는 주인이 수집한
타이포그래피 디자인 포스터가 1년 내내 붙어 있고, 디자인 업체의
전시와 살롱도 자주 열린다.

5 시부야퍼블리싱앤드북셀러스(Shibuya Publishing & BookSellers)

출판사와 서점을 결합, 편집자의 시각으로 책 선정
신간/ 출판/ 이벤트/ 잡화/ 기획

웹사이트	www.shibuyabooks.co.jp
주소	東京都 澁谷區 神山町 17-3
영업시간	월-토요일 12:00–00:00, 일요일 12:00–22:00
전화	+81 3 5465 0588

약칭은 SPBS, 이름 그대로 도쿄 시부야에 있는 출판사 겸 서점으로
책을 팔면서 안쪽에 있는 출판사 편집부도 개방하고 있다. 빵집이 뒤쪽
작업장에서 빵을 굽고 앞쪽 가게에서 빵을 팔듯, 유리벽을 통해 편집부
사무실과 작업 모습을 똑똑히 독자가 볼 수 있기를 바란다. '우리가 만든
책을 우리가 판다'라는 모토로, 출판사에서 뻗어 나온 서점 공간에는
'편집자의 특별한 시각'이 드러나 있다. 편집과 색인 작업이 쉽도록
연대순으로 책을 진열해, 서점을 찾은 독자가 평소라면 그냥 넘어갈
책에도 눈길을 주게 만든다. SPBS는 다른 업체에 책 관련 상담·기획
서비스도 제공하며, 북앤드베드의 북큐레이션을 주관한 바 있다.

6   북트럭(Book Truck)
이동 서점
신간/ 헌책/ 기획

www.facebook.com/Booktruck
영업시간과 장소는 불특정, 페이스북 참조

북트럭은 트럭에 책을 싣고 다니는 이동 서점이다. 원래 SPBS의 초대
점장이었던 미타 슈헤이는 스물네 살에 SPBS를 떠나 트럭 한 대를
개조해서 새로운 인생을 시작했다. 북트럭 안에 있는 500여 권의
책을 보면 엄선한 헌책이 주를 이루지만 신간과 잡지도 있다. 장소와
유동인구에 따라 알맞은 책을 골라 길가에 진열한다. 페이스북에 다음
두 달 동안의 영업시간과 장소를 공지하는데 가끔 아이치, 나가노 등지의
시장에서도 이 청회색 트럭을 만날 수 있다. 미타 슈헤이는 요코하마에
미타쇼텐(三田商店)이라는 오프라인 서점도 운영하고, 카페와 편집
매장 등에 북큐레이션 서비스도 제공한다.

7 셀프(Shelf)

해외 사진집 전문 서점
신간/ 헌책

웹사이트 www.shelf.ne.jp
주소 東京都 澁谷區 神宮前 3-7-4
영업시간 월-금요일 12:00-20:00, 토-일요일 12:00-18:00
전화 +81 3 3405 7889

나에게 셀프는 사진으로 향하는 문을 열어 준 곳이다. 여기서 생각지도
못했던 멋진 사진집을 참 많이 만났다. 와타리움 미술관 옆의 조용하고
구석진 자리를 20년 이상 지키고 있는 사진집 전문 서점 셀프. 작지만
대단히 전문적인 서점으로 좁은 공간에 수많은 책이 촘촘히 놓여 있다.
80퍼센트는 해외 사진집, 20퍼센트는 중고 사진집과 일본 사진집이다.
신간부터 희귀본, 절판본에 이르기까지 온갖 사진집이 있으며 정말
구하기 힘든 수집용 사진집도 많이 보인다. 한 사진작가의 작품집을 젊은
시절부터 나이에 따라 진열한 코너도 있는데 하나하나 따라가다 보면
작가의 스타일이 서서히 변화하는 과정이 고스란히 느껴진다. 참, 셀프의
로고는 『퀵 재팬』(Quick Japan) 등 잡지 디자인을 디렉팅하는 하라타
헤이키치가 만들었다.

8   난요도쇼텐(南洋堂書店)

건축 서적 전문 서점

신간/ 헌책/ 전시

웹사이트	www.nanyodo.co.jp
주소	東京都 千代田區 神田神保町 1-21
영업시간	월-토요일 10:30-18:30
휴무일	일요일, 공휴일
전화	+81 3 3291 1338

도쿄 진보초의 고서점은 대개 어둡고 비좁지만 건축 전문 서점
난요도쇼텐은 전혀 다른 분위기다. 외관은 시멘트 상자를 쌓아 놓은 듯한
독특한 모양새다. 원래 1980년에 건축가 도키 신이 설계해 짓고 2007년
기쿠치히로시건축설계사무소에서 개조한 건물의 일부를 서점으로 쓰고
있다. 콘크리트 외벽에 커다란 유리창을 내 환하고 탁 트인 느낌이며
실내 공간이 경쾌하게 분할되어 온 서점에 현대 건축의 미감이 가득하다.
가히 건축 예술서적의 전당이라 할 만한 곳으로 1-3층에서는 도서와
잡지를 판매하고 4층에서는 건축 관련 전시가 부정기적으로 열린다. 또
정기적으로 창작자를 초청해 1층 대형 유리창에 마음껏 낙서하며 영감을
펼치게 하는데, 이 역시 난요도의 독특한 볼거리다.*

---

* 이 활동은 2014년을 마지막으로 사라졌다.

9   책방 비앤드비(本屋 B&B)

책+맥주

신간/ 이벤트/ 맥주/ 가구 판매

웹사이트	www.bookandbeer.com
주소	東京都 世田谷區 北澤 2-5-2 B1F
영업시간	월–토요일 12:00–00:00, 일요일 12:00–22:00
전화	+81 3 5465 0588

책방 비앤드비가 자리한 도쿄 시모키타자와는 극단과 중고품 가게로
유명한 젊은이의 성지이다. 'B&B'는 'Book & Beer'의 머리글자로,
카페를 겸하는 대부분 서점과 사뭇 다른 모습이다. 창립자 중 한 명인
시미 고이치로가 가벼운 술자리를 가진 뒤에 책 읽기를 좋아하는데,
술을 마시면 사람과 책의 사이가 더 좋아진다고 느껴져 '책 한 권에
술 한 병'이라는 콘셉트의 서점을 열었다. 다양한 분야의 책을 함께 섞어
진열하고 서가에서 가장 좋은 자리에는 자연과학 책을 배치하며, 책이
꽂힌 책장도 판매한다. 비앤드비만의 놀라운 특징은 또 있다. 이곳에서는
1년에 500회나 되는 이벤트가 열린다. 술과 친구를 만날 수 있는 기회가
날마다 있는 셈이다.

10 모사쿠샤(模索舍)
비주류문화 독립출판물
신간/ 헌책

웹사이트	www.mosakusha.com
주소	東京都 新宿區 新宿 2-4-9
영업시간	월-토요일 11:00-21:00, 일요일, 공휴일 12:00-20:00
휴무일	외부 행사를 열거나 직원이 시위에 참가할 때에는 일찍 문을 닫는다.
전화	+81 3 5465 0588

내가 가 본 도쿄 독립서점 가운데 가장 기질이 독특한 서점 모사쿠샤.
신주쿠 2정목에 있으며 독립출판물을 전문적으로 판매한다.
1960년대부터 비주류 출판물의 중심지였던 이곳에서는 지금도
긴장감이 느껴진다. 가게 모습도 도쿄 서점의 깔끔하고 밝은 이미지와
정반대다. 외벽을 칠한 흰색 페인트는 거의 벗겨져 있고, 안쪽에는 각종
전단과 포스터가 너저분하게 걸려 있으며 통로와 책장에는 먼지 쌓인
책자가 가득하다. 카운터 뒤에 앉아서 손님이 와도 본체만체하는 가게
주인은 젊은 시절 반정부운동에 참여했다고. 서가에는 천황 제도 연구,
감옥과 사형, 지하 로큰롤 같은 주제 아래 각종 독립출판물이 어지러이
놓여 있다.

사진집 식당 메구타마(寫眞集食堂 Megutama)

식사를 하면서 사진집을 보는 식당

신간/ 헌책/ 전시/ 이벤트/ 식당

웹사이트	www.megutama.com
주소	東京都 澀谷區 東 3-2-7
영업시간	화–금요일 11:00–23:00(마지막 주문 22:00),
	주말·공휴일 12:00–22:00(마지막 주문 21:00)
휴무일	월요일
전화	+81 3 6805 1838

책과 음식이 섞인 묘한 체험을 할 수 있는 가게를 찾는다면 곧바로
사진집 식당 메구타마를 추천하겠다. 이곳은 책을 파는 서점이 아니라
책이 가득한 식당으로 에비스역 야마타네 미술관 근처에 있다. 전면이
유리로 되어 있으며 가게 안 양쪽 벽에는 5,000권이 넘는 사진집이
꽂힌 책장이 있다. 최신판 사진집부터 희귀본과 절판본까지 다양하다.
이 사진집은 모두 일본 사진 평론계의 대표인물 이자와 고타로의 장서다.
그는 아내, 요리사인 친구와 함께 이 가게를 열고 소장본을 일반에
공개했다. 내부는 한가운데에 개방형 주방을 두고 둘레에 탁자와 의자를
배치한 구조로, 손님은 저녁 식사를 하고 술을 마시면서 사진집을 뽑아
들고 마음껏 뒤적거릴 수 있다. 사진 감상회, 사진 강좌, 사진작가와의
만남이 정기적으로 열리며 요가 강습, 콘서트, 1인 만담까지 갖가지
행사가 마련된다. 단, 주의할 점이 있다. 여기 있는 책은 모두 팔지 않는
소장품이다.

12   다윈룸(Darwin Room)

박물관 서점/잡화점

신간/ 헌책/ 이벤트/ 잡화/ 카페

웹사이트	www.darwinroom.com
주소	東京都 世田谷區 代澤 5-31-8
영업시간	월−목요일 12:00−20:00, 금−토요일 12:00−22:00
휴무일	공휴일
전화	+81 3 6805 2638

도쿄 시모키타자와에 있는 다윈룸은 마치 자연박물관 같다.
시모키타자와 번화가에서 좀 떨어져 있지만 다윈룸 옆을 지나간다면
결코 그냥 지나치지 못할 것이다. 실제로 길 가던 사람이 문 앞에 서서
가게 안을 기웃거리는 모습이 많이 보인다.
나무로 된 문과 창문 주변을 타고 올라가는 덩굴식물이 무성하고,
창문으로 따뜻하고 노란 불빛이 새어 나온다. 안으로 들어가 보면 역시
나무로 된 마루와 서가에 크고 작은 동식물 모형과 표본이 가득하다.
자연과학 서적과 현미경 같은 기구도 팔고, 외국에서 가져온 소장품도
있다. 이곳은 확실히 외부 세계와 매우 다른 세상으로, 인근 주민이 자주
찾는 쉼터이기도 하다.
자연과학 강좌, 세미나, 독서모임 등도 정기적으로 열린다. 자연과학에
대한 열정이 가득한 주인은 다윈룸이 자연을 향한 호기심을 한껏
불러일으키는 공간이 되기를 바란다고.

그렇다. 헌책에 좋지 않은 느낌을 가진 사람도 있지만, 헌책으로 다시 유통되는 책은 보다 많은 회고의 의미를 품고 있다. 사람들은 애호, 추억, 수집 등 여러 가지 이유로 헌책방을 찾는데 이 소비 습관이 지탱되려면 완전한 공급 사슬이 필요하다.

Q6

헌책방도 쿨할 수 있을까?

만다라케

: 괴짜들이 운영하는 괴상한 가게

글 = 다이텐

사진 = 예빙판

후루카와 마스조 =
만다라케 창립자, 사장
/ 도쿄

도쿄 나카노는 서민 정서가 물씬 풍기는 지역이다. 나카노역에서 길게 뻗은 상점가를 따라가 보면 끄트머리에 나카노 브로드웨이라는 건물이 나타난다. 1966년에 지어진 이 건물은 '마의 소굴'이라고 불린다. 이 건물에 발을 들이는 순간 토끼 구멍에 뛰어든 이상한 나라의 앨리스가 되고 만다. 층고는 낮은 편이며 작은 가게가 다닥다닥 붙어 있다. 건물주는 이 건물에서 누가 무슨 장사를 하든 신경 쓰지 않는 듯하다. 스팀펑크,* 코스튬플레이 숍, 인터넷에서 유명한 9단 아이스크림 노포老鋪, 명품 시계를 파는 고급 가게, 전당포, 화랑, 게임방 등이 모두 한 건물에 있으니 말이다.

이 건물 4층에는 헌책과 중고 물품을 전문으로 판매하는 만다라케Mandarake(まんだらけ) 본사가 숨어 있다(만다라케에서 파는 물건은 대부분 일본 서브컬처 관련 상품으로 '만화투성이'라는 뜻의 사명과 더없이 잘 맞아떨어진다). 이곳을 찾아가려면 험난한 코스를 거쳐야 한다. 먼저 공포영화를 찍어도 될 만큼 으스스한, 언제 진료를 하는지 알 수 없는 문 닫은 병원이 늘어선 복도를 지나가야 한다. 그다음에는 타원형 용기에 들어 있는 외계인 조각상들을 만나게 되리라. 외계인 사이사이에 있는 둥근 해치 같은 창문을 들여다보면 슈퍼마리오 복

---

* 19세기 증기기관(Steam engine) 같은 과거 기술을 바탕으로 발전한 가상의 세계를 배경으로 한 SF의 하위 장르.

장을 한 사람들이 돌아다니는 사무실이 보일 것이다.

자, 만다라케 본사 방문을 환영한다. 이 건물에는 만다라케의 다른 점포도 여기저기 흩어져 있다. 이곳 지리에 익숙하지 않다면 또다시 한바탕 탐험을 해야 그곳을 찾아갈 수 있다.

만다라케가 설립된 1980년, 만화가로 성공하겠다는 꿈을 품은 청년 후루카와 마스조가 30번째 생일을 맞이했다. 이야기는 여기서 시작된다.

18세에 도쿄에 온 그는 1년 뒤 소원을 이루어 만화가가 되었지만 줄곧 인기를 얻지 못했다. 그때의 자신을 후루카와는 이렇게 묘사한다. "작품을 팔지 못하는 만화가였죠."

생계를 위해 일용직을 전전하던 후루카와는 일본 요괴 만화의 거장 미즈키 시게루의 어시스턴트 일을 함께 하던 야마구치 요시노리와 1976년 도쿄 조후에 유토리야憂都離夜라는 작은 만화 헌책방을 열었다. 나중에 월세가 올라 경영이 어려워지자 야마구치는 고향 아오모리현으로 돌아갔고, 후루카와는 자신이 세 들어 살던 나카노 브로드웨이를 점찍었다(이 건물은 5층부터 주거용이다). 그는 2층에 6.6제곱미터짜리 칸막이 공간을 빌려 새로운 서점을 열고 '만다라케'라는 이름을 붙였다.

후루카와는 승합차 한 대에 만다라케 초창기 직원들을 태우고 일본 각지를 돌며 중고 만화를 수집했다. 아직 만화 고서의 가치가 널리 알려지지 않은 시절이었

만다라케 도쿄 나카노점은 독특한 스팀펑크의 감각을
내뿜는다.

다. 만화 애호가나 동종업자가 아니고서는 만화책에 새겨진 보물 암호를 발견할 수가 없었다. 눈 밝은 극소수만이 명성이 자자한 만화가가 인기를 얻기 전 필명으로 발표한 작품을 알아보고 '전설'이라 일컬으며 혀를 내두르게 하는 가격표를 붙였다.

당시 『유토피아 마지막 세계대전』UTOPIA 最後の世界大戰이라는 만화의 가치는 100만 엔이었다. 『도라에몽』의 저자 후지코 후지오의 데뷔작인데, 그때 이 만화가 콤비의 필명은 '아시즈카 후지오'였다. 지금 이 책의 1953년 초판은 단 4권이 남아 있으며 일본 아마존에 올라온 1981년 복각판도 최소 5만 엔부터 시작한다.

고서점뿐 아니라 한때 왕성했지만 점점 몰락해 가는 만화 대여점도 후루카와의 목표물이었다. 그는 어떤 만화 대여점이 굉장한 가게인지 판단하는 효과적인 방법을 알고 있었다. 전화번호부에서 만화 대여점 번호를 찾아 전화를 걸어 『가게』影나 『마치』街 과월호가 있느냐고 묻는다. 『가게』와 『마치』는 예전에 나온 과거 대여점용 만화 잡지로 내용이 풍부하고 장대하였지만 일반인이 사서 보기에는 가격이 부담스러운 잡지였다. 있다는 대답을 들으면, 그 대여점은 오래된 가게이며 더 진귀한 도서를 소장하고 있을 가능성이 크기 때문에 바로 달려가면 된다. 후루카와는 그때 만화를 찾아 출발하는 심정을 "소풍을 가려는 유치원생 아이와 숨겨진 보물 지도를 얻은 해적"이라고 묘사했다. 그의 발자취를 보면 도쿄에서 교토까지 갔다가 고향 시가현에서 잠시 쉬고 다시 일본 남부 규슈로 달려갔고, 마지막으로 시코쿠를 돌아 오사카까지 갔다. 만화 대여점에서는 대부분 오래된 만화책을 무더기로 처리하는데 이들 가운데 판매할 수 있는 책은 겨우 10퍼센트 남짓이었다. 승합차는 언제나 만화책으로 꽉 찼고 후루카와 일행은 그 틈에 몸을 욱여넣을 수밖에 없었다.

시작은 상당히 어쭙잖은 느낌이었지만, 아무튼 만다라케는 이렇게 문을 열었다. 후루카와는 더 많은 손님을 끌어들이기 위해 가게 절반을 만화 신간으로 채웠다. 또한 여성 고객도 기꺼이 들어오게끔 늘 가게를 부지런히 청소했다.

일본 경제의 오랜 침체도 중고서점이 살아남을 수 있었던 직접적인 원인이다. 사람들은 소비를 꺼렸고 어느새 절약이 소비 습관의 키워드가 되어 있었다. 이러저러한 이유로 절판된 책이 어느 헌책방의 서가에 등장하는 일도 꽤 있었다. 안목 있는 주인이 운영하는 작은 고서점은 독자 사이에 입소문이 났다. 2015년 일본중고서점조합연합회 가맹점 수는 2,300곳이 넘었으며, 이들 중고서점은 일본 각지에서 책과 지식의 재유통 사업을 지탱해 가고 있다.

만다라케의 사업은 마침내 천천히 살아났다. 이제 이 만화 전문점은 나카노 브로드웨이 3층 한복판으로 이전해 여러 가게의 칸막이를 터서 하나로 만들어 쓰고 있다. 비닐 커버에 싸인 소년소녀 만화, 동인지 만화 등이 높고 좁은 책꽂이에 가지런히 꽂혀 있고 점원 네댓 명이 서가 사이를 분주히 돌며 가게를 본다.

지금은 만화 중고서점 말고도 나카노 브로드웨이 건물 각 층에 여러 가지 테마의 만다라케 점포가 있다. 가게를 열고 5-6년이 지나자 몇몇 손님이 기묘한 물건을 가져오기 시작했고, 후루카와도 사업 영역을 넓혀 갖가지 상품을 팔기로 했다. 일본 서브컬처 파생상품, 손으로 그린 만화 원고, 캡슐토이 장난감 시리즈, 포스터,

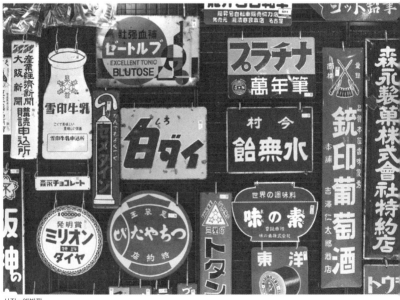

사진 = 예빙판

이곳은 생각지도 못한 보물을 찾을 수 있는 일본 서브컬처의 천국이다.

간판에 열차 모형까지……. 이런 물건이 붙잡는 것은 바로 사람의 '취미'다.

2017년 후루카와는 나카노 브로드웨이에 만다라케 난야nanya(なんや)를 열었다. '아무거나 가게'라고 할 수 있는 이곳에서 파는 상품은 좀 불완전한 물건이다. 어떤 것은 포장이나 설명서가 없고 어떤 것은 부품이 부족하다. 정찰 가격도 없어서 고객이 점원과 흥정을 벌여 값을 정한다. 후루카와는 "점원의 의사소통 능력을 기르기 위해" 이런 식으로 판매한다고 설명한다.

오늘날 후루카와는 나카노 브로드웨이에 '만다라케 종합 왕국'을 세웠다. 만다라케 간판을 내건 테마 점포가 30곳이다. 만화를 다루는 스팀펑크 스타일의 본점 말고도 모든 점포가 저마다 정교한 테마를 가진 또 하나의 취미 집합체. 자동차 마니아가 가장 좋아하는 점포 다이샤린大車輪에는 여러 가지 정교한 차 모형이 가득차 있다. 플라스틱Plastic은 인형 전문점으로 일본판 바비 인형인 리카가 진열대에 줄지어 앉아 있다. 콘페이토Konpeito라는 가게에서는 어렸을 때 군것질거리를 사면 증정품으로 딸려 오는 여러 가지 작은 장난감을 판다. 초콜릿을 사면 주는 장난감 차나 몬스터 등이 있으며 심지어 간식의 포장재까지 파는데, 오래된 양철 과자통이 5,000엔이다. 이러한 완구점 수는 나카노 만다라케 점포의 3분의 2를 차지하며, 일본 서브컬처 파생상품과 장난감은 만다라케에서 가장 수익이 높은 부문이다.

만다라케 점포는 대부분 협소하고 점원은 한두 명 뿐이다. 그들은 판매에 그리 적극적이지 않아 보이고 손님에게 먼저 말을 걸지도 않는다. 이들이 고개를 숙이고 바쁘게 하는 일은 새로 받은 상품을 정리하거나 상품을 진열하는 일이다.

"만다라케 직원은 모두 그 분야 마니아입니다." 만다라케 홍보부의 야마모토 신야가 말했다. 만다라케에서는 직원이 어떠한 테마의 점포라도 제안할 수 있는데, 제안자는 먼저 이 테마에 대한 자신의 열정과 지식을 보여 줘야 한다.

"우리 직원은 모두 '요괴'입니다. 보통의 일본 사회에서는 살아가기 힘든 이들이죠." 후루카와는 이렇게 말하면서 불평도 한다. 직원들이 자기를 봐도 인사를 안 한다는 것이다. "그렇지만 융통성 없고 틀에 박힌 샐러리맨보다는 자기 가치관에 충실한 이런 '괴짜'가 훨씬 좋습니다."

주류 문화의 눈으로 보면 '뭔가 특이하다'고 여겨지는 사람들은 만다라케에서 딱 맞는 자리를 찾는다. 후루카와는 코스튬플레이 분장을 완벽하게 하고 출근하는 점원에게 더 높은 시급을 준다. 만다라케는 마니아를 설레게 하는 공간이다. 상상해 보라, 당신이 푹 빠져 있는 만화 캐릭터가 계산을 해 준다고!

　　만다라케는 현장에서 중고 상품 매입도 한다. 이 또한 사람을 끌어들이고 더 오래 머물게 하는 한 가지 이유다. 물건을 감별하는 기준은 두 가지다. 흔히 볼 수 있는 물건이라면 기존에 매입하던 가격에 따르고, 진위를 감별해야 하는 매우 희귀한 상품이면서 매입가도 제시해야 한다면 사장인 후루카와의 안목에 의지한다. 후루카와는 희귀 만화의 최고 감식권을 쥐고 있으며, 장난감과 카드 등은 각 분야 베테랑 직원이 전담한다.

　　"실수도 종종 합니다." 후루카와는 감식에 실패해 위조품을 매입하고 그걸 손님에게 판다면 배상해야 한다고 말한다. "배상액이 이미 1천만 엔을 초과했어요." 이런 점은 투자보고서에 기업 리스크로 들어가 있다. 만다라케는 업무가 '사장에게 지나치게 쏠려 있음'을 인정한다. 만일 후루카와가 회사를 떠나거나 그에게 어떤 문제가 생기면 회사의 실적은 심각한 영향을 받을 것이다.

　　그럼에도 만다라케의 사업은 계속되고 있다. 일본에서 중고도서나 장난감 거래는 하나의 비즈니스로 자리 잡았다. "매입한 중고 물품을 깨끗이 세척하고 포장해 매입가의 두 배 가격을 붙입니다. 이보다 더 싼 값에 사들일 거라고 여기는 고객도 있지만요." 만다라케 홍보부 야마모토 신야의 설명이다. 만화책이나 동인지는 잘 분류해 서가에 꽂고, 장난감·피규어·캐릭터 카드 등은 미술품을 전시하듯 유리 진열장에 층층이 진열한다. 진열장에는 이들을 빛내 주기 위한 특별 조명까지 있다.

후루카와는 '쓸모없는 상품'이란 없으며, 단지 '잘 못된 판매 시점'이 있을 뿐이라고 생각한다. 오래된 만화라도 몇 년이 지난 뒤 애니메이션으로 만들어질 수 있고, 그러면 옛 작품에 새로운 가치가 생겨난다. 특히 작품 탄생 몇 주년이 되는 해나 애니메이션이 재방송될 때는 그 만화를 보는 사람이 많아지고 관련 상품을 찾는 사람도 늘어난다. 이런 소식은 모두 만다라케에 더할 나위 없는 호재로 작용한다. 일본 애니메이션이 해외에 끼치는 영향도 비즈니스가 될 수 있다. 해외에서 특히 인기가 높은 만화가 있는데, 세일러문 관련 상품은 해외에서도 잘 팔리는 상품이라고 한다.

후루카와가 보기에 만다라케의 상품은 창고에서 그들만의 때를 기다리고 있다. 2004년 만다라케는 28억 엔을 들여 도쿄 동쪽 지바현 가토리시에 2만 6400제곱미터 면적의 종합쇼핑몰 만다라케 사라Mandarake Sahra를 지었다. 만다라케 사라는 입고 상품 데이터 입력 및 인터넷 주문 상품 출고 작업도 담당하며, 2016년 현재 2천만 건이 넘는 각종 상품 정보가 입력되어 있다.

만다라케는 이미 일본 7개 도시 11개 지역에 진출해 있다. 도쿄 시부야와 아키하바라, 오사카 우메다와 신사이바시 같은 번화가 상권에도 점포가 있는데 입지를 살펴보면 미묘한 특징이 나타난다. 만다라케 점포가 어느 구역에 있는지, 심지어 어느 건물 어느 층에 있는지까지 안다고 해도 고객이 찾아가려면 상당한 주의를 기울여야 한다. 이는 후루카와의 부지 선정 기준에 의한 것으로, 점포는 모두 '지하철역에서 한두 블록 떨어진 작은 골목 안'에 있다. 보통 임대료가 그렇게 높지도 않고 멀리서 일부러 찾아오는 고객에게 너무 외진 위치도 아닌 장소다.

각 지역의 만다라케에는 각자의 분위기가 있다. 후루카와는 지역 특성과 어울리게끔 각 지점의 개성을 이끌어 낸다. 이를테면 오토메로드(소녀의 거리)에 있는 이케부쿠로점에서는 여성 마니아 취향의 만화, 게임, 동인지 등을 주로 판매한다. 시부야점의 진열대에서는 응원 부채, 사진 같은 아이돌 관련 상품을 볼 수 있다. 아키하바라점에서는 완벽한 구식 전자오락기를 찾을 수 있고, 만화뿐 아니라 코스튬플레이 의상과 가발도 보인다.

만다라케는 해외 소비자에게도 큰 기대를 걸고 있다. 재무보고서를 보면, 온라인 쇼핑몰 운영자와 일본 방문 관광객에게 면세 혜택을 주는 정책 덕분에 수익이 안정적으로 상승하고 있다. 야마모토는 현재 만다라케 온라인 매출의 30퍼센트가량이 해외에서 나온다고 말한다. 만다라케는 일찍이 해외 진출을 모색해 1999년 미국 로스앤젤레스에 매장을 열었지만, 곧 문을 닫았다.

"좀도둑이 어찌나 많은지 미칠 지경이었죠." 후루카와
가 실패 원인을 분석했다. "해외 사업에 따른 세금과 비
용이 만만찮아 이익이 거의 나지 않았습니다. 그래서 지
속할 수 없었어요."

오늘날 모든 서점에서 풀어야 할 똑같은 문제가 있다.
아마존 시대에 어떻게 수익을 낼 것인가?
대다수 독립서점이 생각하는 비즈니스 모델은 카페와
이벤트뿐이지만, 그렇지 않은 서점이 있다.

스트랜드
: 90년을 꾸려 온
독립 중고서점

글 = 리룽후이 + 사진 = 스트랜드북스토어

인터넷으로 'Strand Bookstore'를 검색하면 다음과 같은 영문 소개를 발견할 수 있다. "Landmark shop specializing in new, used & rare books from philosophy to finance, plus bookish gifts." 간단히 옮겨 보면, 온갖 분야의 신간·헌책·희귀본과 책 관련 상품을 파는 유명한 서점이라는 뜻이다.

그러나 스트랜드의 이야기를 좀 더 들여다보면 이 소개문이 너무 겸손하다는 사실을 알게 된다. 빨간 간판이 상징하는 스트랜드는 90년이 넘는 역사를 가진 유명한 중고서점이자 뉴욕의 랜드마크로 지정된 독립서점이다.

더욱 주목할 가치가 있는 부분은 도서 이외의 사업이다. 2014년 매체 보도에 따르면, 스트랜드 수입의 15퍼센트가 티셔츠나 엽서 같은 비도서 상품에서 나왔다. 본점에서는 날마다 행사가 열리고 심지어 결혼식까지 치렀다. 도서 구독 서비스도 있어서 분기마다 정기 구독자에게 책을 부친다. 실내 인테리어와 특별한 행사를 돕는 컨설팅 서비스도 제공한다. 패션 브랜드 케이트스페이드뉴욕과 안경 브랜드 와비파커가 모두 스트랜드와 제휴해 스트랜드의 도서로 매장을 꾸몄다.

"아마존에서 책을 한 권 사면 다음 날 집 앞까지 배

송해 주죠. 다들 아마존이 빠르고 편리하다는 걸 알아요. 하지만 공동체 의식을 느끼고, 책에 더 빠져들고, 다른 이들과 교류하고 싶다면, 또 책을 추천해 줄 전문가가 필요하다면요? 스트랜드는 온라인 구매로는 도저히 맛볼 수 없는 체험을 제공합니다." 스트랜드의 홍보 책임자 레이 얼출러는 이렇게 말한다.

스트랜드에 입사하기 전부터 얼출러는 이 서점의 단골손님이었다. 그녀는 전통 서점의 역사에 관심이 많

은데, 서점으로서 스트랜드가 세계 각지에서 온 관광객과 현지 주민을 동시에 끌어들일 수 있는 괜찮은 소매 사업체라고 생각한다.

스트랜드의 핵심 업무는 역시 서점 경영이다. 스트랜드도 모든 독립서점과 마찬가지로 임대료와 각종 공과금, 서적 구입 경로와 판매 등 경영 문제를 겪는다. 한때 수십 곳의 서점이 늘어서 있던 뉴욕 맨해튼의 '책방거리'Book Row에서 지금까지 살아남은 서점은 스트랜드뿐이기에, 사람들은 스트랜드의 역사와 비즈니스 이야기에도 큰 흥미를 느낀다.

2018년은 스트랜드북스토어가 문을 연 지 91년째 되는 해다. 그렇다, 91년이다. 스트랜드북스토어의 설립자는 리투아니아계 이민자 벤저민 배스로, 스트랜드는 그의 두 번째 서점이다. 첫 번째 서점은 그린 스트리트 8번지에 있었지만 잘되지 않았다.

스트랜드라는 이름은 전위적인 작가와 출판업자가 모여 있던 런던의 출판 거리에서 따온 것이다. 책에 빠져 있던 청년 벤저민은 뉴욕에 서점을 열고 자신이 좋아하는 책을 판다면 런던 거리처럼 애서가를 불러 모을 수 있으리라 생각했다.

1927년, 25세의 벤저민은 저축한 돈 300달러에 빌린 돈 300달러를 더해 뉴욕 4번 애비뉴, 10번과 11번 스트리트 사이에 스트랜드북스토어를 열었다. 당시 인근 6개 블록에 48개의 서점이 늘어서 있었다. 이곳은 1980년대까지 뉴욕의 '책방 거리'라 불렸다.

그 시절에는 책이 인기 상품이었고 모든 업종이 호황이었다. 벤저민은 여러 인맥을 동원해 스트랜드에 작가를 모았다. 얼줄러의 설명에 따르면, 헌책을 매우 좋아했던 벤저민이 사업을 확장해 가면서 한편으로는 출판업계에서 쌓은 인맥을 활용하기도 하고 사설 도서관 같은 곳을 찾아가 저렴하거나 희귀한 책을 긁어모았다. 그래서 스트랜드 서점의 빨간 차양식 간판에 'Old'(헌책), 'Rare'(희귀본), 'New'(신간)라고 쓰여 있는 것이다.

스트랜드를 곤경에 빠뜨린 것은 1930년대를 관통한 경제 불황이었다. 대공황 동안 스트랜드 근처에 있는 서점이 하나둘씩 사라졌고, 스트랜드 또한 임대료를 내기가 벅찬 상황에 이르렀다. 당시 건물주는 뉴암스테르담(16세기에 뉴욕은 뉴암스테르담으로 불렸다. 이곳에 처음 정착한 사람들이 네덜란드 개척자였기 때문이다)의 마지막 총독 페터르 스타위베산트의 후손이었는데 스트랜드북스토어에 한동안 임대료를 면제해 주었다. 사실 이것이 스트랜드가 '책방 거리'에서 유일한 생존자가 된 내력이다. 이후 제2차 세계대전 기간에 뉴욕시는 임대료 제한 정책을 펼쳤지만 벤저민은 건물주의 격려에 보답하고자 자발적으로 집세를 올렸다. 이는 제2차 세계대전 전후로 스트랜드의 경영 상황이 좋아졌음을 짐작하게 하는 대목이 기도 하다.

1956년은 스트랜드의 역사상 전환점이었다. 이해에 벤저민의 아들, 훗날 스트랜드를 진정한 세계 최대의 중고서점으로 만든 프레드 배스가 두 번째 경영자가 되었기 때문이다.

프레드는 열세 살 때부터 서점 일을 돕기 시작해 군 복무 기간 2년을 뺀 나머지 시간을 모두 스트랜드에서 보냈다. 2018년 1월에 세상을 떠난 프레드가 은퇴한 시기는 2017년 11월로, 그는 고작 두 달을 쉬었을 뿐 평생을 스트랜드와 함께했다.

스트랜드북스토어는 여러 가지 비도서 상품으로도 유명하다.

스트랜드북스토어가 보유한 풍부한 장서는 독자를 끊임없이
서점으로 끌어들인다.

군 복무를 마치고 돌아온 프레드는 아예 서점 근처에 살면서 아버지를 도왔다. 1956년 가업을 이어받은 그는 서점을 브로드웨이 근처인 이스트 12번 스트리트로 이전했다. 스트랜드의 현재 위치다. 처음에는 1층만 사용했지만 차츰 규모가 커지며 1970년에는 나머지 세 층까지 쓰게 되었다. 지금 스트랜드는 4층 전체 가운데 3개 층 반을 서점으로, 반 층을 창고로 쓰고 있고 있다.

프레드의 가장 큰 공헌은 중고서점으로 사업을 확장한 것이었다. 언론 인터뷰에서 그는 새 책 판매는 사업의 한 부분이 되는 것이 당연하며, 헌책은 그보다 더 큰 시장이라고 말한 바 있다. 헌책은 새 책보다 매입 원가가 낮지만 재고 부담이 더 크다.

스트랜드 직원이 영국 『가디언』에 밝힌 내용을 보면, 프레드는 도서 구입 경로를 다양하게 개척했으며 해외 도매상에서도 책을 사들였다. 그의 가장 뛰어난 사업 수완은 바로 중고도서를 보다 낮은 가격에 매입하는 능력이었다. 스트랜드는 정가의 4분의 1 가격이나 이보다 더 낮은 수준으로 증정본(시중에 정식 배본하기 전의 인쇄본)을 매입했다. 도매상과 거래할 때에도 프레드는 40퍼센트 안팎까지 매입가를 낮추었다(보통 독립서점은 정가의 46퍼센트 수준으로 출판사와 거래한다).

헌책 사업은 서점 재고를 늘리는 데에도 효과적이었다. 7만여 부였던 스트랜드의 장서는 1960년대에 50만 부가 되었다. 프레드가 서점에 내건 "18마일의 책"18 miles of book이라는 슬로건은 장서량에 대한 자신감이라 볼 수 있다. 1990년대에 이르자 스트랜드는 250만 부가 넘는 장서를 보유하게 되었다. 얼출러는 이렇게 정정하고자 한다. "사실 스트랜드의 슬로건은 '25마일의 책'이 되어야 해요."

확장되는 사업과 늘어나는 재고를 효율적으로 관리하기 위해 프레드는 샌프란시스코의 시티라이트북스토어와 같은 결정, 즉 서점이 있는 건물을 사들이기로 결정했다. 1996년, 프레드는 820만 달러에 서점 건물을 구입했다. 이 건물은 현재 1층에서 4층까지 스트랜드북스토어이며 나머지 층은 임대하고 있다.

엄청난 재고를 관리하기 위해 프레드는 뉴욕 브루클린의 브리지 공원 근처에 창고용 부지도 구입했다. 당시 브루클린의 부동산 가격은 오늘날처럼 젠트리피케이션으로 인한 폭등 상태가 아니었다. 그곳에 창고를 마련하기로 한 목적은 분명 원가 절감이었다.

프레드와 스트랜드는 시간과의 경주에서 이겼다. 1997년에 이르자 스트랜드는 세계에서 가장 큰 독립 중고서점이 되어 있었다. 스트랜드에서 가장 오래된 책은 아리스토텔레스의 저서 『대윤리학』Magna Moralia으로 가격은 4,500달러이다. 가장 비싼 책은 아일랜드 현대주

스트랜드북스토어는 중고책 사업에서 놀라운 수완을 발휘했다.

의 작가 제임스 조이스의 『율리시스』로 무려 3만 8000 달러가 매겨져 있다.

 1990년대는 독립서점의 번영기라 할 만했고, 스트랜드는 뉴욕의 상징과 같은 존재가 되어 있었다. 멀리 서부 해안 샌프란시스코에 있는 시티라이트북스토어도 1980년대의 경영난에서 벗어나 한숨 돌리고 독립서점으로서 살아남는 방법을 찾아 가고 있었다.

그러나 이야기란 역시 기복이 심하고 변화무쌍하다. 지금 와서 돌아보면 1997년에 또 하나의 중대한 사건이 있었다. 스트랜드의 진정한 변화는 세계 최대의 독립서점으로 자리매김한 일뿐 아니라 미국 서부 해안의 한 벤처기업에서 비롯되었다.

이해 5월, 뉴욕에서 시애틀로 건너가 창업을 하고 몇 년간 회사를 키워 온 한 젊은이가 단계적 목표를 달성했다. 자신이 세운 회사를 나스닥에 상장한 것이다. 그는 상장을 사흘 앞두고 최대 라이벌 업체로부터 소송을 당했고, 이듬해에는 또 다른 경쟁사를 상대로 소송을 해야 했다. 한 도전자가 치고 올라와 챔피언에게 위협적 존재가 되는 이야기와 같은 맥락이다.

이 회사가 바로 아마존이다. 온라인 도서 판매를 시작으로 '만물상점' 판도를 열어 간, 모두가 너무나 잘 아는 그 회사 말이다. 공개 정보에 따르면, 아마존은 온라인 사업을 시작한 지 2개월 만에 미국 50개 주와 전 세계 45개 이상의 지역에서 도서를 판매하게 되었다. 상장 직전에 아마존에 소송을 제기한 상대는 미국 최대의 체인서점 반스앤드노블이었고, 이듬해에 아마존이 법정에 세운 상대는 월마트였다. 이 두 건의 소송은 결국 법정 밖에서 서로 화해하며 마무리되었다.

당시 출판업계도 인터넷의 위협을 느끼고는 있었다. 그러나 아마존이 도서와 출판 시장에 가한 충격이 오늘의 국면에 이르리라고는 예상하지 못했다.

가족 사업인 스트랜드는 반스앤드노블처럼 아마존과 사활을 걸고 싸우지는 않았지만, 새로운 사업 전략을 시도했다. 새로운 시도가 새로운 경영자로부터 나오는 역사가 한 번 더 되풀이되었다. 프레드의 딸 낸시 배스 위든이 아버지와 마찬가지로 뉴욕을 한동안 떠나 있다가 돌아와 가업을 이어받았다.

스트랜드가 발전해 온 과정은 3단계로 요약할 수 있다. 1단계, 벤저민이 대공황과 제2차 세계대전을 견뎌 내며 서점 경영의 기초를 닦았다. 2단계, 프레드가 헌책 사업을 확대하고 서점 건물을 구입하는 두 가지 성과를 냈다. 서점 경영에 드는 가장 큰 비용 두 가지를 절감한 셈이다. 낸시의 시대에 이르자 그녀는 서점의 일상적인 경영을 넘어 새로운 시기를 맞은 독립서점의 발전 방향을 모색했다. 오늘날 스트랜드북스토어가 이뤄 낸 일련의 혁신은 낸시의 대담한 시도에서 비롯되었다고 많은 미국 언론이 평가한 바 있다. 지점을 내지 않는 방침을 고수하는 시티라이트북스토어와 달리, 스트랜드는 뉴욕 브로드웨이 828번지에 있는 본점 말고도 여러 곳에 지점이 있다. 현재 타임스퀘어와 센트럴 파크에 가판대 형태의 지점이 있고, 소호와 브루클린에도 각각 소규모 지점이 있으며, 뉴욕 5번 애비뉴에 있는 패션 브랜드 클럽모나코의 플래그십 스토어에는 숍인숍 형태로 입점해 있다.

레이 얼출러는 새 지점을 여는 스트랜드의 원칙과 주 목적이 여전히 '다양한 사람에게 책을 파는 것'이라고 밝혔다. 입지를 보면, 타임스퀘어나 센트럴 파크는 모두 스트랜드북스토어처럼 뉴욕이라는 도시를 직접적으로 상징하는 곳이다. 패션 브랜드 클럽모나코와 합작한 것은 소비자 중첩도가 높고, 의류와 도서의 결합이 '뜻밖의 놀라움'이라는 쇼핑 체험도 제공할 수 있기 때문이다. 그러나 당분간은 지점 확장 계획이 없다.

맨해튼 본점은 여전히 스트랜드의 근간이다. 시티 라이트처럼 스트랜드 역시 직원에게 높은 독서 수준을 요구한다. 저자와 작품을 연결하는 문제 등 지원자의 독서량을 검증하기 위해 프레드가 만든 면접시험 문제는 『뉴욕타임스』에서 다루었을 정도로 유명하다. 지원자를 취재한 그 기사는 결국은 서점 이야기로 귀결되었다. 얼출러 또한 이 시험을 거쳤는데, 이 시험 문제는 이제 면접의 재미를 더하기 위한 요소 또는 면접자의 성격을 알아보는 선택지가 되었다고 한다.

스트랜드에는 현재 200명의 직원이 있으며 이곳을 거쳐 간 예술인도 꽤 있다. 가장 유명한 인물은 로커이자 시인·화가 패티 스미스로, 그녀는 스트랜드에서 일한 경험이 "별로"라고 공개적으로 말했다. 더 재미난 일을 소개하자면, 스트랜드는 직원들이 품은 불만을 그림으로 그리게 해서 『온더북스』On The Books라는 책으로 엮었고, 이 책을 서점에서 팔고 있다.

도서 사업 자체로 돌아가 보자. 방대한 장서량을 자랑하는 스트랜드에서 가장 중요한 일은 책을 유기적으로 조합하는 것이다. 서가에 그냥 꽂아 놓는 것이 아니라 보다 역동성을 띠게끔 해야 한다. 소비자에게 직원이 추천하는 책을 보게 할 뿐 아니라, 소비자 자신이 원하는 책을 쉽게 찾아낼 수 있게 해야 한다. 이것이 판매량을 높이고 재고를 잘 관리할 수 있는 기반이다.

서점업을 연구하는 도나 파즈 코프먼은 이렇게 지적한다. "스트랜드가 보유한 장서와 서점의 오랜 역사는 대단히 훌륭합니다. 스트랜드는 뉴욕이라는 도시의 상징이죠. 하지만 서점의 사업적 측면에서 스트랜드의 가장 큰 과제는 '평당영업액을 어떻게 높일 것인가'입니다."

진열과 분류를 보면 스트랜드는 여전히 전통적인 도서 분류법을 따르고 있다. 매주 화요일에 신간을 받는데 수량에 통일된 기준이 없다. 소비자로부터 직접 매입한 헌책은 가급적 그다음 날 바로 판매대에 올리며, 날마다 1,000여 권을 사들인다. 헌책은 스트랜드 재고의

프레드와 딸 낸시는 스트랜드북스토어를 오늘날의
모습으로 빚어냈다.

55-60퍼센트를 차지하며 판매에서도 주축을 이룬다.

새로운 방식으로 정보를 조직하고 분류해 책을 진열하는 자체 아이디어도 있다. 서점 밖에는 유명한 '1달러 할인 도서' 가판대가 있으며, 비인기 도서에는 직원들이 문구를 쓴 노란 카드를 꽂아 소비자의 관심을 끈다. 매달 테마 행사도 여는데, 5월의 테마가 '시'라면 날마다 시인 한 명을 서점에 초청해 시를 낭독하고 작품을 홍보하고 관련 도서도 추천하는 자리를 마련한다.

도나 파즈 코프먼은 오늘날 서점에 나타나는 두드러진 추세를 다음과 같이 분석한다. 여행자에게 서점은 도시의 명소이며, 거주민에게 서점은 교류의 장 또는 스타벅스에서 말하는, 집과 직장 외에 일상을 풍요롭게 만드는 '제3의 공간'과 같은 역할을 한다.

낸시는 서점 사업이 맞닥뜨린 변화를 의식했다. 과거에 사람들은 서점에 오면 한참을 머물면서 보고 싶은 책을 찾았다. 그런데 오늘날에는 서점에 머무는 시간이 짧아졌고, 분명한 목적을 띠며, 친구와 무리를 지어 오기도 한다. 또 관광객도 스트랜드의 중요한 고객이다.

"뉴욕에 관한 책이 바로 관광객을 위한 책이랍니다." 낸시가 말했다. 타임스퀘어나 센트럴 파크에 지점을 연 것도 스트랜드가 '관광 명소'로 여겨진다는 사실을 의식했기 때문이며, 본점에는 뉴욕 여행안내서 전문 코너가 있다. 다만 관광객 대상 사업은 여행 성수기와 비수기 영향을 많이 받는다. 스트랜드의 또 다른 전략은 비도서 상품으로, 내부에 디자인팀을 두어 에코백과 머그컵 등 자체 상품을 디자인한다.

"2017년에 우리는 가방 10만 개에 양말도 엄청나게 팔았죠. 디자인은 주로 내부 디자인팀에서 맡고 있어요." 얼출러가 소개했다. 『허핑턴포스트』에 실린 스트랜드의 에코백 사업 취재 기사를 보면, 모든 독립서점은 서점이 어떤 관점을 담아내고 표현하는 장치가 되기를 원하며 스트랜드의 디자이너도 에코백을 그런 장치로 삼고 있다. 브로드웨이 뮤지컬 『해밀턴』이 연일 매진되자 스트랜드의 에코백에는 "Young, Scrappy and Hungry"(어리고 산만하고 굶주리다)라는 뮤지컬 가사가 프린트되었다. 트럼프 대통령 당선 때도 스트랜드는 비슷한 방법으로 서점의 정치적 입장을 표현했다.

낯선 이에게 어떻게 자신을 기억하게 할 것인가? 스트랜드에는 이 문제를 풀어 나갈 마케팅 전략이 많이 보인다. 스트랜드에서 산 헌책에서는 종종 책 주인이 남긴 쪽지가 발견되는데, 이는 스트랜드에서 책을 사면서 만나는 뜻밖의 기쁨이 되었다. 유명 인사가 찾아온 일화도 많다. 전 대통령 빌 클린턴, 뮤지션 데이비드 보위 등이 스트랜드를 찾았으며 데이비드 보위는 스트랜드를 위해 공개적으로 목소리를 내기까지 했다. "필요한 바로 그 책을 찾을 거라는 보장은 없지만, 보고 싶은 마음이 불끈 드는 책은 언제든 만날 거예요."

스트랜드는 영화 촬영 장소로도 인기가 높다. 1993년 개봉작 『5번가의 폴 포이티어』와 2010년 개봉작 『리멤버 미』의 배경이 모두 스트랜드북스토어이며, 특히 『리멤버 미』의 남자 주인공 로버트 패틴슨(『트와일라잇』 시리즈의 주인공)의 직업이 바로 스트랜드의 점원이었다.

인근 주민을 끌어들이기 위해 스트랜드는 커뮤니티 성격을 강화하고, 나아가 서점 공간을 뉴욕시의 문화 활동 중심지로 만들고자 한다. 스트랜드에서는 날마다 이벤트가 열리며 때로는 하루에 몇 번도 열린다. 온라인 데이트 애플리케이션 오케이큐피드와 제휴해 사교 행사를 개최하기도 했고, 결혼식장으로 쓰이기도 했다. 결혼한 두 사람이 스트랜드라는 서점을 좋아했을 뿐 아니라 스트랜드가 두 사람이 처음 만난 장소였기 때문이다.

여느 독립서점과 달리 스트랜드는 소셜네트워크를 활용해 서점 이야기를 전하는 데에도 능숙하다. 스트랜드의 SNS 계정 운영 또한 얼출러의 업무로, 화요일에는 입고된 신간, 수요일에는 작가 소개, 금요일에는 직원 추천 도서를 올린다. 또한 특별한 기념일이나 명절에는 어울리는 게시물을 올려 독자가 해시태그를 달게끔 유인한다.

독립서점이 비즈니스 모델에서 상상한 공간은 대부분 여기서 그친다. 그러나 스트랜드는 더 깊이 생각했다. 도서 판매를 지속적으로 확대하기 위한 방법으로 많은 독립서점이나 체인서점이 서점과 카페 또는 식당의 결합을 선택했지만, 스트랜드는 달랐다. 스트랜드가 새롭게 시도한 사업은 도서 구독 서비스, 도서관과 도서 공간의 인테리어 서비스였다.

"90년 역사를 가진 서점으로서 스트랜드가 어떻게 경지를 넓혀 갈 수 있을까요? 우리가 가장 중요하게 여기는 문제는 여전히 더 많은 사람에게 책을 파는 방법입니다." 이에 대해 얼출러가 내놓은 답은 다음과 같다. 소셜미디어·온라인의 기능 및 서점과 뉴욕의 관계를 숙고하는 것, 그리고 독서를 좋아하지만 서점에 잘 오지 않는 소비자를 찾아내는 것.

'더 북 훅업'The Book HookUp이라는 도서 구독 서비스는 이런 사람을 위한 전략이다. 간단히 설명하면, 구독료를 내고 분기마다 스트랜드 직원이 고른 책을 집에서 받아 보는 서비스다. 구독자는 각 분기 말에 다음번 책 목록을 메일로 받아 보는데 마음에 들지 않으면 구독료를 서점에서 쓸 수 있는 포인트로 환산할 수 있다. 예약 구독에 따른 혜택도 있다. 저자 사인본을 받을 기회가 더 많아지고 다이어리, 머그잔, 간식거리 등 증정품도 제공받는다. 또 스트랜드는 차량 공유 플랫폼 우버러

시와 제휴하여 맨해튼에서 당일 배송 서비스를 제공한다. 현재 600명 이상이 스트랜드의 도서 구독 서비스를 이용하고 있다.

취향에 맞게 책장을 꾸며 주는 '북 바이 더 풋'Books by the Foot 서비스도 유명하다. 이 서비스에는 세 가지 선택지가 있다. 첫 번째는 개인 서재를 빠르게 꾸미고 싶은 이를 대상으로 하며, 표준 가격은 염가 페이퍼백으로 채우면 1피트(약 30센티미터)당 15달러, 양장본으로 채우면 1피트당 300달러다.

두 번째는 스트랜드 직원이 소비자의 요구에 따라 취향에 맞는 개인 도서관을 만들어 주는 서비스다. 개인, 기업, 기관이 대상이며 컨설팅 비용은 시간당 200달러다.

세 번째는 도서 대여 서비스다. 결혼식이나 기념촬영 같은 행사 현장에 스트랜드 도서를 빌려 주는 서비스인데 요금은 공개하지 않고 있다.

앞서 언급한 케이트스페이드뉴욕, 와비파커와의 제휴도 북 바이 더 풋 서비스를 통한 것이며, 학교 도서관과의 협업은 스트랜드의 장서로 도서관 환경을 보다 풍요롭게 만드는 데 기여한다.

이런 행위를 감성이라고 간단히 해석하지 말자. 물론 감성적 이유도 없지는 않지만, 여기서 눈여겨볼 점은 스트랜드의 비즈니스 마인드다. 스트랜드는 책을 실마리로 삼아 다른 여러 사물이나 상황과 책이 관련되는 장면을 찾아낸다. 그리고 그 장면에서 프레드가 축적한 재고를 동원하고 이용하고 소화해 낸다.

오프라인 서점이라면 시티라이트와 같은 문제에 직면하지 않을 수 없다. 뉴욕 같은 대도시에서 갈수록 치솟는 생활비는 무시할 수 없는 부분이며, 스트랜드도 어떻게 하면 직원들에게 경쟁력 있는 임금을 지급할 수 있을지 반드시 고민해야 한다. 새로운 채널과 소셜미디어를 활용하고 신규 사업을 발전시키려면 젊은 층의 요구를 잘 아는 새로운 인력이 필요하다.

가족 사업으로서 스트랜드에서 가장 중요한 자산은 바로 서점의 역사이다. 낸시와 그녀의 후손이 이 서점을 어떤 방향으로 이끌어 갈까, 그 대답은 오직 시간만이 알 것이다.

사진 = 후쓰얼서우수뎬

사진 = 파비안 옹

타이베이 헌책방
:　도시 변두리의 정신적 양식

글 = 린스야오
애서가의 세계에 막 발을 들인
디자인학과 교수. 정교하고 아름답게
꾸며진 고서적과 인쇄물 수집을
좋아한다. 독서량이 많은 편은 아니지만
책 사는 일에 푹 빠져 있어 헌책방을
각별히 아끼고 사랑한다.
/ 푸저우

몇 년 전에 잡담을 나누다가 '쿵푸쯔주수왕'孔夫子舊書網이라는 인터넷 중고서적 플랫폼을 처음 알게 되었다. 그때부터 나는 당근 더미로 떨어진 한 마리 토끼가 되었다. 틈만 나면 사이트를 샅샅이 뒤져 헌책을 골랐다. 어쩔 수 없었다. 내가 일하고 생활하는 도시에서는 마음에 꼭 드는 서점을 찾기가 쉽지 않았는데, 하물며 좋아하는 헌책을 마음껏 뒤져볼 수 있는 서점이라니.

사진 = 파비안 옹

일 때문에 2011년 하반기를 타이베이에서 지냈고, 그러면서 꽤 유명한 중고서점 모리얼서우수뎬茉莉二手書店(Mollie Used Books)과 만나게 되었다. 이 만남은 내 오랜 헌책 찾기 습관의 시작이기도 하다.

'모리'라는 이름은 창립자 부부의 이름에서 한 글자씩 따온 것이라고 한다. 타이완에 4개 지점이 있는데, 타이중과 가오슝, 타이베이의 타이완대학과 타이완사범대학 근처에 한 곳씩 있다. 내 활동 반경 안에 있었던 모리 타이완대학점은 내가 가장 자주 가던 헌책방이다.

타이완대학이 있는 궁관역 일대에는 예술·문화 상품을 다루는 작은 가게가 즐비하다. 모리얼서우수덴은 붐비는 대로변이 아니라 비교적 한적하고 작은 골목 안에 있다. 공간은 넓지 않지만 장서량이 상당히 많다. 지상 1층과 지하 1층 두 층을 쓰는데, 지상에는 주로 철학, 역사, 예술, 사회과학 서적과 정기 간행물이 있고, 지하에는 소설, 시, 산문 같은 순문학과 CD, 오래된 레코드판이 대부분이다. 내 코스는 언제나 끝까지 직진했다가 좌회전. 그러면 예술도서 코너가 나타난다. 조금만 끈기

모리얼서우수덴 타이완대학점 ﹝茉莉二手書店 台大店﹞

웹사이트	www.mollie.com.tw
주소	臺北市 中正區 羅斯福路 4段 40巷 2號
영업시간	월-일요일 12:00-22:00
전화	+886 2 2369 2780

사진 = 파비안 웅

있게 찾아보면 훌륭한 해외 그림책을 만날 수 있는 데다 가격도 그리 비싼 편이 아니다.

　모리에 와서 책을 사는 사람은 대부분 타이완대학의 교수와 학생이다. 주말은 물론 평일에도 손님이 끊임없이 드나든다. 계산대 앞에는 점장이 골라 놓은 신착 도서가 놓여 있다. 서가를 꾸준히 채워 놓기 위해 경영자는 일 년 내내 타이완과 해외에서 헌책을 선별해 매입한다. 책을 고르다 보면 때때로 점장과 헌책 판매자가 통화하며 방문 시간과 주소 등을 확인하는 가느다란 소리가 들려온다.

　모리 타이완대학점에는 칭찬하고 싶은 점이 있다. 이 서점에서는 계산대 근처 입구 쪽에 손님이 비닐봉지를 갖다 놓을 수 있도록 작은 구석자리를 마련해 재활용을 유도한다. 계산을 마치고 쇼핑백이 필요한 사람은 여기서 갖다 쓰면 된다. 서점 입구에는 경사로가 있어 장애인이 드나들기 편리하며, 새로 들어온 책도 이리로 실어 나른다.

　모리 타이완대학점에서 멀지 않은 또 다른 작은 골목으로 가면 후쓰얼서우수뎬胡思二手書店(Whose Book) 간판이 보인다. 후쓰는 1층과 2층으로 나뉘며 모리 타이완대학점보다 규모가 작고, 도서의 분류와 진열도 모리만큼 세밀하고 정확하지 않다. 1층에는 주로 중국과 외국의 문학서적, 사회과학·예술·디자인 서적이 있다. 좁은 계단을 따라 2층으로 올라가면 옛날 대학 도서관과 비슷하게 배치된 서가가 나온다. 경제경영과 레저 서적이 주를 이루고, 책꽂이 몇 개에는 일본 도서가 따로 진열되어 있다. 모리와 달리 후쓰는 해외 원서 비율이 그리 높지 않다. 그래도 운이 좋으면 아주 실속 있는 가격으로 원서 한 세트를 완비할 수 있다.

또 다른 헌책방 구진수랑古今書廊도 궁관역 주변에 있다. 구진수랑은 모리와 후스처럼 규모 있는 헌책방이

후쓰얼서우수뎬(胡思二手書店)

웹사이트	whosebooks.myweb.hinet.net
주소	臺北市 中正區 羅斯福路 3段 308-1號
영업시간	월-일요일 12:00~22:00
전화	+886 2 2363 2168

사진 = 후쓰얼서우수뎬

아니라 오랜 책벌레의 개인 도서관에 가깝다. 단칸 단층 구조라 더 특별해 보이는 곳이다. 아담한 공간에 낡은 책장이 늘어서 있으며 서가 사이 통로도 매우 좁다. 명확한 분류 표지도 없어서 이 빽빽한 서가에서 원하는 책을 찾아내려면 시간을 들여야 한다. 실내에 빛도 잘 들지 않고, 에어컨도 없이 천장선풍기만 몇 개 달려 있다. 의지력을 시험해 보고 싶다면 무더운 날 구진수랑에 와서 책을 찾아보시라. 하드웨어는 다소 투박하지만, 이렇듯 소박하고 다소 궁색하기까지 한 책방 분위기와 희귀한 절판본을 손에 넣을 가능성은 역시 애서가로서 저항

구진수랑얼서우수뎬(古今書廊二手書店)

웹사이트 www.facebook.com/pnpbook
주소   臺北市 中正區 羅斯福路 3段 244巷 17號
영업시간 월-일요일 12:00-22:00
전화   +886 2 2363 6358

사진=파비안 옹

하기 힘든 유혹이다.

청핀수뎬과 진스탕金石堂 같은 대형 체인서점의 존재로 인해 타이베이는 물론 타이완 전역에서 독립서점이 이상과 다른 모습으로 버텨 가고 있다. 이들은 헌책 시장에 전념하며 애서가 및 인근 대학 교수와 학생을 목표 고객으로 잡았다. 대형 서점에 밀려나는 상황을 피하기 위한 합리적인 생존 전략으로 보인다.

사진＝후쓰얼서우수뎬

미래의 서점

: 미래를 예측하는 가장 좋은 방법은 그 미래를 만드는 것이다

2020년 7월 24일   초판 1쇄 발행

지은이	**옮긴이**
『제일재경주간』 미래예상도 취재팀	조은

펴낸이	**펴낸곳**	**등록**
조성웅	도서출판 유유	제406-2010-000032호(2010년 4월 2일)

주소
경기도 파주시 책향기로 337, 301-704 (우편번호 10884)

전화	**팩스**	**홈페이지**	**전자우편**
031-957-6869	0303-3444-4645	uupress.co.kr	uupress@gmail.com

	페이스북	**트위터**	**인스타그램**
	facebook.com	twitter.com	instagram.com
	/uupress	/uu_press	/uupress

편집	**디자인**	**마케팅**
이경민	이기준	송세영

제작	**인쇄**	**제책**	**물류**
제이오	(주)민언프린텍	(주)정문바인텍	책과일터

ISBN 979-11-89683-65-8 03300

이 도서의 국립중앙도서관 출판예정도서목록(CIP)은 서지정보유통지원시스템
홈페이지(seoji.nl.go.kr)와 국가자료공동목록시스템(nl.go.kr/kolisnet)에서
이용하실 수 있습니다.(CIP제어번호: CIP2020026870)